时代楷模——汪勇

公安部宣传局 编

群众出版社
·北京·

图书在版编目（CIP）数据

时代楷模——汪勇/公安部宣传局编.—北京：群众出版社，2015.7
ISBN 978-7-5014-5393-1

Ⅰ.①时… Ⅱ.①公… Ⅲ.①汪勇—先进事迹 Ⅳ.①K828.2

中国版本图书馆 CIP 数据核字（2015）第 150124 号

时代楷模——汪勇

公安部宣传局　编

出版发行：	群众出版社
地　　址：	北京市丰台区方庄芳星园三区 15 号楼
邮政编码：	100078
经　　销：	新华书店
印　　刷：	北京通天印刷有限责任公司
版　　次：	2015 年 7 月第 1 版
印　　次：	2015 年 7 月第 1 次
印　　张：	13.25
开　　本：	787 毫米×1092 毫米　1/16
字　　数：	127 千字
书　　号：	ISBN 978-7-5014-5393-1
定　　价：	56.00 元
网　　址：	www.qzcbs.com
电子邮箱：	qzcbs@sohu.com

营销中心电话：010-83903254
读者服务部电话（门市）：010-83903257
警官读者俱乐部电话（网购、邮购）：010-83903253
文艺分社电话：010-83901350

本社图书出现印装质量问题，由本社负责退换
版权所有　侵权必究

前 言

陕西省西安市公安局新城分局韩森寨派出所副所长兼咸东社区民警汪勇，2006年从部队转业至公安机关工作。十年来，汪勇同志以对党和人民的赤胆忠诚和对公安事业的执着追求，立足基层，扎根社区，视群众为亲人，推行精细化的管理、规范化的执法和亲情化的服务，在平凡的岗位上做出了不平凡的业绩，用真情和汗水同辖区群众建立了深厚的警民鱼水情，赢得了群众的拥护和爱戴，成为一张最美的"社区名片"。汪勇同志负责的咸东社区被评为"全国社会治安综合治理平安社区"，他先后被授予"全国人民满意的公务员"、"全国模范军队转业干部"、"全国公安机关爱民模范"、全国第五届"我最喜爱的人民警察"特别奖、"全国公安系统二级英雄模范"等荣誉称号。今年6月，中宣部授予汪勇同志"时代楷模"荣誉称号。

汪勇同志是践行党的群众路线和人民警察核心价值观的典范，是全国公安民警学习的榜样。为大力宣传并集中展示汪勇同志的先进事迹，我们遴选了部分反映汪勇同志先进事迹的文章，分为"警界楷模的成长之路"、"社区的守护神"和"小民警的大情怀"三个主题结集成册并编印出版，供广大民警学习。

公安部宣传局
2015年6月

目 录

第一章 警界楷模的成长之路

- ⊙ 山乡印迹 ………………………………………… 3
- ⊙ 小小"书记员" ………………………………… 8
- ⊙ 从军之路 ………………………………………… 10
- ⊙ 训练场上的"笨鸟先飞" ……………………… 16
- ⊙ 捐款 ……………………………………………… 19
- ⊙ 探亲路上 ………………………………………… 26
- ⊙ 从"一指禅"到"五笔高手" ………………… 29
- ⊙ 跑"官"记 ……………………………………… 32
- ⊙ 亲如兄长 ………………………………………… 35
- ⊙ 一次难忘的"私人订制" ……………………… 38
- ⊙ 运输途中 ………………………………………… 43

- ⊙ 副连长真是好样的 ………………………… 47
- ⊙ 军营"月老" ……………………………… 50
- ⊙ 战友情深 ………………………………… 53
- ⊙ 纪律重于生命 …………………………… 57

第二章 社区的守护神

- ⊙ "社区民警的岗位才更适合你" ………… 63
- ⊙ 当照片被糊满泥巴 ……………………… 66
- ⊙ 治安"老大难"小区的变化 …………… 72
- ⊙ 停车风波 ………………………………… 78
- ⊙ 午夜守护神 ……………………………… 85
- ⊙ 在学习中成长 …………………………… 88
- ⊙ "这个社区民警应该受到表彰" ………… 92

- ⊙ 捉贼记 …………………………………… 95
- ⊙ "小偷"变成"治安积极分子" ………… 100
- ⊙ 让刑侦大队长叹服的社区民警 ………… 105
- ⊙ 巧妙化解"维""汉"纠纷 …………… 110
- ⊙ 给维吾尔族青年买单 …………………… 113
- ⊙ 欠条背后的法与情 ……………………… 117
- ⊙ 吸毒兄弟的感动 ………………………… 119
- ⊙ 李大个儿的眼泪 ………………………… 125

第三章 小民警的大情怀

- ⊙ 百姓利益无小事 ………………………… 133
- ⊙ 李原眼中的汪哥 ………………………… 139
- ⊙ 饺子背后的冷暖情长 …………………… 145

- 像儿子一样亲的好民警 …………………… 148
- "妈妈"的烦恼 …………………………… 153
- 一台旧电扇 ………………………………… 157
- 上学 ………………………………………… 160
- 一次不成功的采访经历 …………………… 164
- 只有做到群众心上，才叫群众路线 ……… 169
- 一张破损的宣传海报 ……………………… 174
- 一次隔门的探望 …………………………… 179
- 懂你 ………………………………………… 183
- 保洁母亲的快乐 …………………………… 188
- 重担压不垮精神的脊梁 …………………… 193
- 先进不好当 ………………………………… 196
- 从汪勇到汪勇团队 ………………………… 199

第一章

警界楷模的成长之路

精神之树要用乐观来浇灌
它在突然而来的不幸面前会给你力量

精神之树要用乐观来浇灌
它在突然而来的不幸面前会给你力量

山乡印迹

○胡杰

小时候，汪勇的父母下地干活儿，他们弟兄几个没人带，没人管。汪勇两三岁时，头上摔得到处都是伤。父母没办法，有时候把他们寄放在盲人汪家广家。汪家广比汪勇的父亲大八岁，2007年去世。他是个"五保户"，一辈子没结过婚。

二十世纪七十年代，汪勇家五口人，每个月可以从生产队领到五十斤稻谷。不是一定能领这么多，如果不能出满勤、挣够工分，口粮就要减少。稻谷背回去，要用自家的石对码（稻谷去皮的一种农具）去皮，用大米筛子筛筛，筛子上面没去好的稻谷，再用石对码反复多次去皮后，用簸箕簸，使谷、皮彻底分离。到了二十世纪八十年代初期，他们才用上手摇风车把稃皮和白米分开。这样，一百斤稻谷最多出六十斤白米，也就是说，他们家一个月顶多只有三十斤白米可吃。尽管他们那里

时代楷模——汪勇

种的粮食主要是水稻,但家里做饭时主要搭的还是萝卜和红薯,大米只能像撒味精一样放一点点,仅仅是个点缀。六岁时,汪勇就学着做饭。切萝卜要先切成片,然后再切成丁。那会儿菜刀经常会切到他的手。汪勇从一岁到五岁,曾经一直肚子疼,整天哭,他哭的内容之一就是坚决不吃红薯萝卜饭。母亲哄他,蒸饭时,特意给他蒸一小勺白米饭。为此,哥哥还很有意见呢。直到现在,汪勇都见了红薯、萝卜就反胃。小时候实在是吃伤了。

　　为了能够足额领到那五十斤稻谷,上工时,母亲就一天都不能不去。那谁管他们呢?就只好把他们放在盲人汪家广家。后来汪勇接弟弟时发现,他嘴里经常有乱七八糟的脏东西,包括自己的屎。一问母亲,汪勇才知道他和他哥都是这么过来的。"你们不摔死摔伤、不烧伤,就已经是万幸了,我们哪还顾得上更多呀。"母亲后来跟汪勇这么说。放在汪家广这儿看,就能起到这样的作用。听到动静大,他会用棍子探着过来,把爬到门边的孩子抱回来;如果没了动静,他知道孩子可能是在地上睡着了,他就会过去,把孩子抱在怀里。

　　汪家广的生活全都要靠自己,连上山打柴这种事都得他自己干。盲人做每一件事情都不容易,比如把柴放进背篓,因为眼睛看不见,他的柴放得常常不平衡,背不起来。遇到他打柴,汪勇就会给他帮个忙。他背背篓时,汪勇会上去扶一把。有时候扶不好,汪勇和他会一块儿摔倒在地上。

汪家广年轻时眼睛是好的,后来,得了青光眼,就失明了。周边的路,他凭记忆在走,一般情况下,用棍子探着走,问题不大。可有一次,下雨天,他上山打柴时,从一个比较陡的坡上摔倒。他挣扎着爬起来,又滑倒,人就往下溜。他不知道,再往下滑,下面就是悬崖!汪勇和弟弟在不远处正放牛,看到以后,就大声喊,让他不要动。汪勇跑过去把他又拉又扶,摔一跤把自己裤子都扯烂了。那时候,汪勇兄弟几个都没有多余的衣裤。扯烂裤子,回去是要挨打的。汪勇不敢告诉父母,回去自己找针线悄悄缝上了。

上小学时,汪勇最要好的同学也是个残疾人,名叫李德春。他的右手小时候被烧伤过,手指头成了张不开的拳头,他写字都用左手。他这种情况就是小时候缺少大人照看发生的。父母把他们放到汪家广家,就是怕发生这类事。因为只有一只手,李德春生活中就有些不方便。雨雪天,他们在山路上行走,是要拄棍儿的。特别是下过雪后,路上结了冰,他们要用稻绳把鞋子捆上,这样走路才能不打滑。在这种情况下,李德春的书包之类的东西只能由汪勇替他背。上学时,母亲怕汪勇饿着,有时会给他带一个用灶膛里的炭灰烤熟的红薯或者玉米。对于孩子们来说,这就是最好吃的东西了。李德春的后

时代楷模——汪勇

妈待他比较刻薄，是不会给他准备这些东西的。吃烤红薯或者烤玉米时，汪勇都是跟他分着吃。有一次放学，下着雨，他俩从一户人家走过时，有条狗扑过来冲着李德春狂吠，吓得他拼命地跑。汪勇掀起身上的蓑衣上去阻挡，结果狗狠狠地咬了他。那时候还小，他不知道那样掀蓑衣吓不了狗，反而使狗感受到了威胁。

汪勇和李德春从小学到初中都是同学。他们上的清浪中学，离家有十几公里远，学生们大多都是从家带米和干菜，一周回一次家。夏天，装在瓶子里的干菜会发霉。即使如此，他们也舍不得把它倒掉，都要吃了。那会儿，每次回家，汪勇都尽量多带干菜。母亲纳闷，儿子怎么会吃掉那么多？其实，汪勇都是和李德春分着吃了。李德春他妈给他带得很少，根本不够他吃。

后来，当社区民警之后，见到辖区的残疾人，汪勇就会想起汪家广、李德春，不由自主地生出恻隐之心。在咸东社区红旗电机厂家属院，住着一位七十八岁的老太太杨玉凤，她的女儿周淑芳就是个残疾人，不仅双目失明，而且有癫痫病，连大小便都失禁。周淑芳五十多岁了，汪勇喊她"姐姐"。汪勇跟这母女俩处得很好，去了她们家，有时他会留上几十块钱零钱，有时会给她们买点儿常用的药。夏天，天再热，这娘儿俩也舍不得买电扇。汪勇就到旧货市场花了五十块钱，买了一台旧电扇送过去。知道杨阿姨自尊心挺强，汪勇就说是他家淘汰下来的,放家里没用。后来,组织上到社区开汪勇的事迹座谈会,也请了杨阿姨,她这才知道汪勇家也挺困难,感动地掉下了眼泪。

> 有人问我到底图啥,实际上我图的是内心的踏实和一种归宿感。我是从大山里走出来的农村娃,本身就是老百姓中的一员,对他们的快乐与忧愁感同身受。我受部队和警队教育多年,不愿违心面对群众,而是发自内心、带着感情去工作,因此收到了不错的效果。群众需要我,我自己也很有成就感,内心感到满足,工作起来就更投入。
>
> ——摘自汪勇的心得体会《从警感悟》

精神之树要用乐观来浇灌
它在突然而来的不幸面前会给你力量

小小"书记员"

○王颖洁

时代楷模——汪勇

　　汪勇回忆道:"记得刚上初中的时候,父亲调解邻里纠纷时经常带着我。"

　　汪勇说,父亲当村支书时他才九岁,有时候放学回家就会碰到邻里纠纷的问题。每当他在家的时候,父亲总是让他拿笔记录,把两个当事人的事情记得清清楚楚。纠纷调解完后,父亲就会让双方在汪勇记录的纸上按手印、签名字。父亲说,怕两家人反悔,按手印、签名字就是证据。

　　"十一岁的时候,我开始喜欢上给父亲当'书记员'的角色,觉得很好玩,还能够听两个大人吵架……"汪勇说,"印象最深的就是和父亲到离家三公里外的村子调解纠纷,两家的纠纷是为了一只被毒死的鸡。"

　　原来,纠纷一方说邻居家的鸡为了找食吃,把自己家地里种的南瓜苗连根吃掉了,找邻居评理时,对方不但不承认还反咬一口,气不过的他就暗中用老鼠药将对方的鸡毒死了……此事发生后,父亲在村里规定,让村民不要放养鸡,必须圈养。

"这件事对我的人生影响很大,也正因为从小受父亲调解纠纷的影响,给我今天当片警打下了基础。我现在调解邻里纠纷,有时候也采用父亲的土办法。"汪勇感慨地说。

> 在抓好警务大事、保证警务工作规范有序进行的同时,我深深地体会到做好一名社区民警一定要抓小事,注意做好小警务。在居民群众中日常发生的众多的矛盾和问题,大多是小纠纷、小问题,比如婆媳不和、邻里有矛盾、养犬影响环境、借债不按时偿还、小孩儿打架等。这类事情看起来很小,又不值得一提,但日积月累就可能产生大问题,产生大影响。因此,我们社区民警对发生在居民群众中的这些日常小事决不能熟视无睹,而是要发现一桩就抓住不放,立即着手解决。只有这样,才能夯实基础,在社区里营造和谐的环境氛围。
>
> ——摘自汪勇的心得体会《做好社区警务工作的实践体会和感悟》

精神之树要用乐观来浇灌
它在突然而来的不幸面前会给你力量

时代楷模——汪勇

从军之路

○王作人

湘西的隆冬，虽然不像北方那样冰天雪地，但也朔风凛冽，寒气逼人。

1990年年初，征兵宣传正在湖南省沅陵县清浪乡热火朝天地展开。街道上拉着横幅，墙壁上张贴着标语，广播中一遍又一遍地播放着征兵的宣传词。

十八岁的土家族小伙子汪勇，当时正在沅陵县陈家滩乡财政所担任税收专管员。他从乡下收税回来，顾不上喝口水，就挤在宣传栏前看征兵的布告。他那时只有不到一米六的个儿，踮着脚也只能看到宣传内容的上半截。

他太想当兵了！成为一名光荣的中国人民解放军战士，是他从小就梦寐以求的愿望。他要把这一喜讯带回家去，要告诉父母亲，他要报名参军。

几十里的水路和山路，汪勇用了不到三个小时就到了。推开家门,他喘着大口的粗气向父母说:"征兵开始了,我要当兵去!"

父母看着他满脸的汗水、急切的神色,都一下子愣在那里了。过了一会儿,母亲才说:"伢子,你还没吃饭吧?我和你爸都刚吃过,锅里还有一点儿剩饭。"

"我不吃,我回来是给你们二老说一声,我今年要当兵去!"

母亲看看父亲,父亲却丝毫没有高兴的样子,只是慢腾腾地问他:"你回来就是说这事?不急嘛,先吃了饭再说。"

"我要当兵,我就是回来给你们说一声。"

母亲又看看父亲,父亲低着头不吭声,拿起烟杆吸起了烟。

沉默了许久,父亲才抬起头看着汪勇说:"你都有工作了,还当兵干啥子嘛?"

"我要离开这地方,到外面去。"

"你干税收员再有一年就能转正了,你还想到外面干啥?"

"反正我要当兵……"

汪勇翻来覆去就是一句话:"我要当兵。"但父亲就是不说让他去的话。他母亲只是坐在旁边,手里边干着针线活儿,偶尔抬起头看看儿子,看看丈夫。她知道家里的这两个男人都是犟脾气,她说谁都不顶用,只能用

精神之树要用乐观来浇灌
它在突然而来的不幸面前会给你力量

一声又一声长长的叹息来表达她内心的无奈。

说了大半夜，就这么毫无结果地各怀心事地去睡了。

汪勇在回忆起那天晚上与父亲的交谈时说，他本来想在半夜就离开家到乡武装部报名，但天太黑了，十几里的山路太难走了。那天晚上，他几乎一夜没睡。

第二天一大早，汪勇就离开家到了乡上，直接到征兵办去报了名。当时他就下定决心，无论怎样，都要去当兵！

可能是母亲后来给父亲做了工作，当得知他已经报了名的消息后，他父亲的态度也有了很大的转变，由不让去到后来支持他去。也多亏父亲的支持，在后来体检被刷下来时，是父亲的据理力争才让他能如愿以偿。

体检的日子到了。当汪勇兴冲冲地拿着体检表走进第一道体检点时，量身高他就没能过得去。十八岁的他由于从小缺营养，人瘦小，身高距离一米六还差那么一点点。汪勇是个老实娃，他要能精明一点儿，稍稍踮一下脚就能达到一米六二、一米六三了，因为他们一同去的同伴中就有人这么做了。身高不够，体检表就被人家收回了，下面几个体检环节就无法进行下去了。这次在麻伊洑镇中心卫生院负责体检的大夫，都是从县上或其他地方抽调过来的，谁也不认识谁。汪勇和他父亲好话说了一箩筐，测量身高的大夫就是说不行。当时，汪勇的父亲恨不得给人家下跪。已经到了下午，父亲要领汪勇到街道上一家小饭馆吃饭，他硬是不去。水也不喝，饭也不吃，就站在体检站的院子里不走。汪勇的父亲过去在乡上干过事，回到老家后又担任过民兵营长，当时还担任着他们村的支部书记，乡上的领导都认识他，但他谁也没找。一位他过去的老同事见孩子这么坚决，父亲又是那么无助，就给他出主意，让他领着孩子到县上去找人另要一张体检表，再让娃过一遍，万一不行就再找人武部的人或接兵部队，让他们帮忙想想办法。于是，父子俩决定第二天一大早到县里去。

汪勇家离沅陵县城二百多里远，父子俩起了个大早，拿了几个煮熟的红薯，不到六点钟就急匆匆地离开了家。先是租了一辆小拖拉机把他们送到码头，然后又乘坐一条私人的机班船。小船在河中颠簸着前进，父子俩的心比流水更急。一路上他们一句话也没说，心里只是默默地祈祷着让他们快点儿到县城。但到县城后能找见谁，结果又如何，父子俩心里都是一片茫然。

到了县城，他们找到接兵部队的吴排长。

吴排长看着汪勇说："个儿是差点儿，身体又这么单薄……"他又问汪勇，"你为啥要当兵？"

汪勇说："当兵光荣，部队能锻炼人、培养人，让人有出息。董存瑞、黄继光、邱少云、雷锋都是从部队上

> 精神之树要用乐观来浇灌
> 它在突然而来的不幸面前会给你力量

培养出来的大英雄。我要锻炼自己,要在部队干一番事业……"

吴排长说:"小兄弟,部队上可是很艰苦呀,你能吃得消吗?"

汪勇说:"吃苦我不怕,我就是在吃苦中长大的……"

"我这伢子能吃苦,从小就帮家里干活儿,照顾弟弟妹妹。"汪勇的父亲拉着吴排长的手,很动情地说,"我了解我儿子,我儿子干啥事都有一股劲儿,他决心这么大,到部队一定不会给你们丢脸,你们收下他吧!我不是送儿子去享福,是送他去真正地干一番事业。他才十八岁,个头儿还能往高里长。不是有首《真是乐死人》的歌儿吗?身高不是问题,只要他有决心,就一定能成为一名好兵。吴排长,这首歌你会唱吗?我给你唱一遍你听……"

汪勇的父亲在武装部的院子里就放开嗓子不成调地唱起来:"想起了三年前,我报名去参军……我好说歹说、好说歹说不顶用、不顶用……"唱的人用心,听的人动情,吴排长眼眶发红了,把手一挥,说:"别唱了,领表去……"

湘西的三月,正是满山披绿、青竹吐翠的时节,汪勇终于领到了入伍通知书。据说吴排长在定兵会上据理力争,说汪勇老实、忠厚,不说空话、大话,部队就需要这样的青年。临离家时,他与泣不成声的母亲紧紧相拥，泪水打湿了他刚穿上身的崭新军装。

带着亲人们情深意切的千万叮咛，怀着对美好生活的无限向往，噙着故土难离的滚滚热泪，汪勇——这位十八岁的土家族青年，一步三回头地告别了父母，告别了生他育他的家乡，登上了列车，跨进了他日夜向往的绿色军营……

精神之树要用乐观来浇灌
它在突然而来的不幸面前会给你力量

> 回首自己的往事，历历在目，现在耳边还回响着父亲的嘱咐："千万不要再回到这个穷山沟！"
>
> 就这样，带着乡亲们的希望、父母的重托，我踏上了列车，如愿以偿地穿上了绿色的军装，可想着老人在临别时交代的话语，自己的思想压力很重，知道这次离家出远门，对我这样一个农民的儿子、穷山沟里的伢子来说，是人生的机遇。这条路很长，我意识到了此次人生路不会是一帆风顺，很可能会是暴风骤雨，我甚至想到了这一路可能还要摔很多跟头，我没有因这而屈服，自己对前途依然充满着信心和喜悦。
>
> ——摘自汪勇的日记《人生财富在于苦难》（1998年9月12日）

训练场上的"笨鸟先飞"

○朱荣

时代楷模——汪勇

在电视剧《士兵突击》中,"钢七连"战士许三多为了不拖连队后腿,以惊人的毅力坚持腹部绕杠的情节令人印象深刻。其实,类似的故事也曾发生在汪勇身上。

汪勇入伍后进入的第一个野战连队,就是第47集团军某部警调连。这个连队对战士的军事素质要求非常高,训练十分严格。因此,班排及战士之间,拼的就是军体素质,这也应了部队常说的那句话:"当兵不习武,不算尽义务;武艺练不精,不算合格兵。"

1991年3月的一个晚上,经过一天紧张的训练,战士们都在宿舍里休息,谁也没有注意到汪勇不在屋里。就在晚间八时许,一名战士跑过来告诉班长郑永建:"汪勇在训练场偷练器械呢!"

郑永建一听这话,一下子从板凳上跳了起来。要知道,为了避免训练时受伤,部队对组织训练有严格要求,战士更不能独自进行器械训练。顾不得生气,郑永建就跟着那个战士匆匆赶往训练场。夜色中，汪勇正分腿坐在双杠上，体会着器械练习的动作要领。突然，他听见一句严厉的命令声："下来！"

一见是班长，汪勇赶忙跃下双杠，低头站在了原地。郑永建气不打一处来："汪勇，你在干什么？""班长，我……"见汪勇嘴里支吾着，郑永建又严厉地说，"部队的规定你不知道吗？你好大的胆子，竟敢一个人偷偷跑出来练器械，要是受伤了怎么办？这样出了事都没人知道，你是想给咱们班训练成绩拉后腿吗？"

班长的一番批评，让汪勇委屈地抹起了眼泪。原来，由于力量不足，汪勇的器械训练成绩一直不理想，为此内心很着急。为了不影响本班的训练成绩，为了不让别人说自己不行，他抱着"笨鸟先飞"的想法，只要晚上休息时一有空闲时间，就偷偷跑出来练习，已经坚持好几天了。

问明了原委，郑永建在自责的同时，也被这个小个子战士的执着精神所打动，主动提出要给汪勇当教练。汪勇一听高兴极了："谢谢班长，双杠四练习的滚杠和单杠三练习的挂腿动作，我一直都做不到位。""我做给你看。注意看，要用巧劲儿，不能使蛮力……"

连续一个多星期，郑永建都会挤时间抽空儿给汪勇"开小灶"上训练课。班长每分解教一个动作，汪勇就跟着学一个动作。摔了，磕了，他爬起来仍坚持继续练。高强度的器械训练，使汪勇的双手磨出了血泡，那些血泡被

精神之树要用乐观来浇灌
它在突然而来的不幸面前会给你力量

挤破之后，在单双杠不停地打磨下，都慢慢成了老茧。汪勇顾不上这些，只是一门心思地边学边练，进步非常大。在班长的帮助下，汪勇的器械成绩迎头赶了上来，并顺利通过了部队考核的所有训练科目，成为军事素质过硬的士兵。

凭着这样一股不甘落后、不肯服输的劲儿，半年后，经过师教导队预提班长集训，汪勇没有悬念地当上了班长。一年后，他被推荐到师直司训队学习汽车驾驶，同样是没有任何悬念，结业时，又被第47集团军后勤部评为"优秀学员"。

时代楷模——汪勇

> 有远大的理想，我们的人生追求才能更高尚，人生步履才能更坚实，人生价值才能更美好。
>
> 人有了理想，就有了奋斗的目标，有了正确的前进方向。
>
> 理想是人生的指路灯，是前进的照明塔，是人生精神的支柱。
>
> 理想是美好的，又是现实的，所以我们只有把主观愿望和客观实际统一起来，才能使得自己的理想更加贴近现实。
>
> ——摘自汪勇的日记《远大理想》
> （1998年8月15日）

捐款

○朱荣

> 精神之树要用乐观来浇灌，它在突然而来的不幸面前会给你力量

　　1993年6月，经过部队的一次遴选，学过汽车驾驶的汪勇被调到第47集团军司令部管理处，编入了公务班。公务班的工作主要是服务保障，事无巨细，繁杂琐碎。他开着垃圾车运送过垃圾，忍着刺鼻的臭味清理过厕所，不嫌脏不怕累地出公差、打扫卫生，干得热火朝天……在战友眼里，汪勇肯吃苦、能奉献，而在班长莫尚成看来，最难忘的则是两个有关捐款的故事。

　　1994年下半年，汪勇收到来自家乡湖南沅陵县清浪乡中心小学筹委会的一封信。信的大意是，乡上准备筹建中心小学，考虑到乡上在外做事的人都是有本事的人，希望能为家乡的教育事业作一些贡献。说得直白些，就是希望工作在外的清浪乡人为小学捐款。

　　这封信拿在手上，汪勇一下子犯了难。不捐吧，不合适；捐吧，捐多少呢？汪勇的家乡地处湘西大山之中，

生活非常贫苦，能够走出大山，几乎是所有家乡人的夙愿。汪勇知道，淳朴的乡亲们一定认为自己能够走出大山步入军营，肯定是个"干大事"的，不然也不会给自己寄来这封信。而当时汪勇在部队也只是个佩戴中士军衔的战士，一个月的津贴费不到五十元，他平时的生活已经非常节俭，还经常把攒下的钱寄回家中给父亲看病，补贴家用。这事到底该怎么办呢？

莫尚成看出了汪勇的心事，问清来龙去脉后直接对他说，这算什么事，你看着寄一点儿就行了，咱就是个当兵的，也没多少钱，你老家人应该能理解。班长的话并没有对汪勇起作用，几天后，汪勇主动找到莫尚成说："班长，我考虑清楚了，老家的事我不能不管，我能当兵走出来，离不开在家乡受过的教育，这个钱我应该捐！"

"你准备捐多少？"

"两百块。"

"两百块?!"莫尚成一下子瞪大了眼睛，"这可是近半年的津贴费啊！"

"半年就半年吧，我不能忘本，我父亲还是个老党员，父母肯定能理解我，就是向战友借，我也要把这个钱捐出去。"

就这样，汪勇把自己的积蓄都拿了出来，又向战友们东拼西借了一些钱，整整凑够了两百元，全部寄回了家乡。而他借战友的钱，直到1995年上半年才还完。

1996年12月26日，清浪乡中心小学落成典礼筹委会专门给汪勇寄来感谢信，并把他的名字镌刻在了学校的"兴教碑"上。

另一件捐款的事发生在1994年年底。那年冬天，新疆克拉玛依发生火灾，部队号召官兵为受灾的家庭捐款。这个捐款当时主要是面向干部的，对战士则采取自愿的态度。公务班的战士积极响应号召，有的捐五元，有的捐十元，而汪勇则一下子捐了五十元，又是一个来月的津贴费。

战友们对此很不理解，莫尚成对汪勇说："你给家乡捐款我们也就不说啥了，这次捐款战士是自愿的，又没有要求必须捐多少，上次捐款的钱你都是借的，这次怎么又打肿脸充胖子？"

汪勇说："五十块钱的确是我一个来月的津贴费，但对一个受灾家庭来说算不了什么，我只是想尽一份心，我这样做也是修福积德哩！"一听这话，战友们个个心服口服。

汪勇就是这样一个人。从军营到警营，从部队到地方，只要是捐款，他几乎从未落下过。组织要求捐的，可以自愿捐的，他都捐，就像一个"捐款专业户"。

2013年4月下旬的一天下午，已经在西安担任咸东社区民警的汪勇下社区走访，路过安装四处家属院时，看到里面又是横幅又是捐款箱的，群众围成了一团。原

> 精神之树要用乐观来浇灌
> 它在突然而来的不幸面前会给你力量

来,这是社区正在组织群众为四川雅安地震灾区捐款。

捐款是自愿的,在场群众捐多少的都有。汪勇没有犹豫,掏出一百元就递到了居委会主任张爱梅的手上。张爱梅愣了一下才反应过来,死活都不收,硬把钱往汪勇手里塞:"汪警官,你这是干啥哩?这是社区组织的捐款,跟你没关系!"汪勇说:"我是这儿的社区民警,咋能跟我没关系呢?"几番推辞,张爱梅拗不过汪勇,只好把钱投进了捐款箱。

后来,张爱梅把这个事告诉了社区党支部副书记刘庄。刘庄就问汪勇:"捐款又不是你们单位组织的,可捐可不捐,你经济条件又不好,捐这个钱干啥?"汪勇说:"我整天在社区跑,哪个群众不认识我,如果我成天给群众讲大道理,遇到这种事却往后躲,那群众谁还支持我?这个事应该做!"

2014年8月,汪勇成了西安市重大先进典型,根据市委要求开始忙活先进事迹报告会的筹备工作。一天,分局网站上的一条信息引起了他的注意。仔细一看,原来是胡家庙派出所社区民警张晓伟的女儿被确诊为白血病,分局党委在大力关心帮助这个不幸家庭的同时,号召全体民警为战友爱心捐款。

看到这个信息,汪勇心里一沉。同为社区民警,他是了解张晓伟的。他比自己早一年转业,和自己一样,也是分局表彰的"十佳社区民警",时不时地还在一起交流工作。这个只比自己大一岁的老兄,怎么就摊上了这事儿!汪勇赶忙找到内勤民警南研争,在捐款名单上签了字,并捐了四百元。

钱是捐了,可这件事在汪勇心头却总是挥之不去。他一直想找个机会看望一下张晓伟。这事儿放谁心里都不好受,况且自己的父亲常年患有重病,汪勇能理解那种身心交瘁的煎熬和痛苦。

报告团的组建工作千头万绪,各种采访、座谈、报告又应接不暇,加之所里和社区的工作汪勇也不愿耽搁,竟一直没能抽出时间。特别是报告团成型后,接连在西安十三个区县、八个开发区和部分市直机关做了二十八场报告,汪勇跟团在全市东南西北地跑,还去了北京、武汉等地接受国家领导人接见,做访谈、录节目、领奖,连个喘息的机会都没有,这个愿望也就一直被搁置了下来。

2015年2月14日,三天之后就是羊年除夕,汪勇终于在当天下午下班时,提着水果敲开了张晓伟的家门。在了解了孩子的病情后,汪勇一边劝慰他,一边从口袋里掏出事先准备好的五千元钱,递到了张晓伟手上。

为这五千元钱,汪勇在心里还真是激烈斗争过。这个钱,是元月下旬公安部宣传局的领导来西安调研他的事迹时,代表部党委和郭声琨部长给他的慰问金。当时由于事多,他一直忘了拿回家,也没能及时告诉家人。

精神之树要用乐观来浇灌
它在突然而来的不幸面前会给你力量

用这五千元救助张晓伟,母亲和妻子会同意吗?

尽管后来家人完全同意他这么做,妻子还感念组织上对汪勇太好了,说这个钱应该交给组织,汪勇说组织咋可能要这钱,可当时,他还是想了好一阵儿。而且,自己当了先进,也算"名人"了,别人知道了他用五千元救助张晓伟,会不会质疑、误解自己?

苦恼过后,汪勇还是坦然了:自己能有今天,全靠组织的培养和领导、战友、群众的关心支持,现在战友有难处,难道自己不应该回报吗?想那么多干啥!

张晓伟说什么也不肯收这个钱,说老汪你也不容易,有几个钱就好好留着,和汪勇一直就这么推来推去。临了汪勇说:"老张,医院开销那么大,你就收下吧。领导、同事都关心你,有了困难大家一起想办法,总会挺过去的。我们都是社区民警,又都是军转,就别见外了。这两年没有大家支持,我也得不了那么多荣誉,组织上也奖励了我一些钱,我应该知恩图报。"

张晓伟被汪勇的真诚所打动,眼圈发红了。他最终接过了钱,临别时还把汪勇热情地送出了门。当晚六时二十二分,汪勇的手机收到了一条短信,打开一看,是张晓伟发来的:老汪,弟兄们的情谊,我和家人心领了。孩子有难之际,你伸出温暖双手,谢谢了。祝你和家人新年愉快,身体健康!

汪勇心头一热,也回了一条:老张,不用谢。一起的战友，一样的情感，你们不容易，我感同身受，一切都在心里。祝愿孩子早日康复，愿苦人、好人一生都平安。当军嫂、警嫂很不容易，代我问嫂子好，同祝你们全家好，给你们拜年了。

> 人与人的交往，多一些实在，多一些坦诚，脑子里不要有太多的功利思想。如果只是一味地考虑今天干过张三，明天算计李四，那么这种生活未免也太累了。
>
> ——摘自汪勇的日记《七十多天的经历给我的感受》（1998年9月4日）

精神之树要用乐观来浇灌
它在突然而来的不幸面前会给你力量

探亲路上

○王作人

时代楷模——汪勇

1993年11月中旬,是汪勇入伍以后的第一次回家探亲。

在部队的三年中,汪勇的个头儿没有明显地长高多少,但他的身体却强壮了,文化水平提高了,思想觉悟进步了,政治素质更过硬了。那时候,电话还未普及,他只能用通信的方式向父母问候,表达对家人的思念之情。一封信往往是半个多月才能被他的父母收到。在探亲休假得到部队批准后,他到部队驻地附近的商店里,给父亲买了鞋,给母亲买了衣服,又给他哥的孩子买了许多好吃的,还给家人带了陕西的许多土特产,装了整整一大包。

列车是从西安到长沙的慢车。十一月,虽然还没到过年春运的时候,但在当时,车次少,速度又慢,平时坐车和现在春运时的情景差不多。每节车厢都挤满了人,许多人都是在车厢过道中站着,就连座位下都有人躺着。汪勇是第一次遇到这种情况,上车之后放好行李,他就背靠在车厢过道的门框上站着。

傍晚七点多,列车刚开出不久,一名女乘务员手里拿着一个红袖标喊道:"哪位同志能协助我们做治安联防员?"汪勇虽然没有穿军装,但在部队的教育培养下,关心他人、热心服务的思想却在他身上早已扎下了根。乘务员的话音刚落,汪勇就毫不犹豫地在第一时间应声:"我来当。"女乘务员就把治安联防员的红袖标戴在他胳膊上说:"治安联防员的职责在车厢上贴着,遇到什么事情就首先通知我,咱们一块儿处理。这里有一个专门为联防员留的座位,你就坐在这里吧。"说完,乘务员走了,他就坐在了那个专门给联防员留的座位上。

汪勇在这个专门留给联防员的座位上享受了不到一刻钟,就看见一位中年妇女带着一个三岁左右的小男孩儿站在他附近。车内灯火通明,车外夜幕已经降临。小孩儿显然困了,哭闹着要睡觉。汪勇就站起来,叫那妇女来坐。谁知他刚一起身,有个年轻人就抢着一屁股坐了下去。为此事,他和那位年轻人险些吵起来。后来在周围群众的指责声中,那小伙子才极不情愿地站起来,把位子让给了那位带孩子的妇女。

到了半夜,小男孩儿醒了,哭闹着要上厕所,但过道上挤满了人,连厕所门口也站着人。这位妇女带着孩子挤不过去,小孩子哭闹得更凶了。汪勇到垃圾筐里找到一个纯净水瓶,递过来让小孩儿尿到瓶子里。这孩子

时代楷模——汪勇

见人多,就怎么也尿不出来。他让那妇女看着行李和座位,自己护着孩子硬挤过人群去上厕所。

西安到长沙的火车需要二十多个小时的行程。汪勇在他第一次探亲的路上,当了他平生第一次的治安联防员,也让他足足站了二十多个小时。在第二天晚上七点四十分下车的时候,他虽然脚肿腿痛,但来自那位妇女连连的感谢和周围群众赞许的目光使他心里充满了自豪。他没穿军装,那位妇女和同车厢的乘客也并不知道他是位解放军战士,但在车厢众多乘客的眼里,他绝对是一位好青年。

> 功夫不负有心人,平凡的岗位上一样能干出不平凡的事业。雷锋、焦裕禄等英雄人物不都是这样的人吗?我现在才真正地体会到什么是军人的真正价值,我要用部队的条令条例和规章制度来约束自己、规范自己。入党以后我更严格地要求自己,时时处处发挥模范带头作用,做好战士的榜样。
>
> ——摘自汪勇的日记《人生财富在于苦难》(1998年9月12日)

从"一指禅"到"五笔高手"

○朱荣

> 精神之树要用乐观来浇灌 它在突然而来的不幸面前会给你力量

1999年4月,经过一年的兰州军区预提干部集训,汪勇被分配至武威驻地的第47集团军某旅,任后勤部汽车二连三排排长。该旅是特等功臣、一级英雄、国际主义战士邱少云生前所在部队。初来乍到,汪勇立志要踏踏实实干出一番成绩。当时,部队正全面加强信息化建设,要求军官必须熟练掌握和运用电脑,这让从未上过正规军校的汪勇心里直发怵。二十八岁的新排长感受到了差距和压力,决心先从打字学起,决不让自己落后掉队。

学打字对汪勇来说绝非易事。他借来一个废旧键盘,一有空儿就坐下来敲打,还虚心向连队干部战士请教,可练了好一阵子,汪勇总在无意间就把双手打字变成了双指打字,用两只食指笨拙地在键盘上一下一下地戳打,惹得战友给他起了个"一指禅"的绰号。

电脑打字,最常见的是拼音输入法。这对别人来说不是个难事,可汪勇偏偏是个南方人,还操着一口并不标准

时代楷模——汪勇

的湖南普通话，对声母的"n""l"不分，常常把"零下"打成了"宁夏"，把"老兵"打成了"孬兵"，闹出了不少笑话。学习拼音打字让汪勇吃了不少苦头。看他一副受折磨的样子，副连长张治文建议他学习五笔字型输入法，尽管记忆字根相对难一些，但掌握后打字就能突飞猛进，最主要的是能够消除他发音不标准的影响。

当时，部队干部都在学电脑，一周也只有两次上机操作的机会。靠这样零敲碎打，什么时候才能学会？汪勇决定在外报个班系统学习。在一个休息日，他在武威市区转了大半天，终于找到了凉州市场边的一家电脑培训学校。一问，学费要八百元，可当时他身上只带了五百元。回去和临时来队的妻子一说，妻子反问他，在部队不能学吗，要花这个冤枉钱？汪勇说，许多干部都是上过军校的，科班出身，我却是志愿兵提干的，本身就有差距，大家都在学，我再不学这个差距就更大了，我不想被淘汰，更不好意思麻烦别人，所以这个钱应该花。最终，妻子支持了汪勇的决定，他第二次到电脑学校报上了名。

从部队驻地到武威市区，大约有六七公里。汪勇利用业余时间去电脑学校学习，而旅里的勤务车每天都要到市区执行任务，他就时不时地搭上勤务车外出参加晚上的培训。培训班里机位有限，赶上空机位汪勇就坐到电脑前学习，机位满了就向老师请教理论问题，坐在一旁认真做笔记。在老师的帮助下，他先从熟记字根做起，专门制作了一个字根表,走到哪儿背到哪儿,就是有时和人说话时,也会无意间从嘴里迸出一句字根口诀来。功夫不负有心人,每天像念经一样地背诵字根,使汪勇逐步掌握了五笔字型的组字规律,加之上机练习的次数不断增多,很快他就学会了打字,而且越打越娴熟,成了培训班里名副其实的"五笔高手"。不光学打字,汪勇还坚持学习常用的电脑系统操作。每次外出学习的时间总是有限,凡是课堂上讲的,他都先记下来,回到营区后反复学习,反复消化,直到完全掌握。看他学习劲头十足,培训老师都夸他用功。

因为学电脑,汪勇挨过一回批评。那是他外出学电脑而归队超时十分钟,让正在连队检查的旅领导撞了个正着,挨了一顿批评。但时间不长,汪勇就在全旅后勤干部计算机应用考核中名列前茅,被旅领导在大会上点名表扬。

> 要像雷锋一样干一行,爱一行,钻一行,努力在本职岗位上做出扎扎实实的成绩。雷锋精神集中体现了中华民族的传统美德,闪烁着共产主义的思想光芒,反映出社会主义新的精神风貌。
>
> ——摘自汪勇的日记《雷锋永远在我心中》(1999年3月5日)

精神之树要用乐观来浇灌 它在突然而来的不幸面前会给你力量

跑"官"记

○孟彦军

时代楷模——汪勇

1999年,中国人民解放军施行新的士官制度。这是军队人才培养制度的重大改革,全军上下对此高度重视,明确提出要严格标准、严格程序、严格纪律,确保把优秀人才选出来、留下来。可就是在这样的大环境下,汪勇却在司令部到处"找关系",要给一个叫舒长春的战士套改士官。这在当时掀起了不小的风波。

有人说汪勇是拿了别人的好处,有人说汪勇是照顾老乡。但汪勇依然坚持在司令部"找关系",还在技术考核前经常给舒长春"开小灶",帮他提高驾驶技术。这更加重了大家对汪勇的质疑。这时候,除了汪勇,只有两个人最了解事情的"内幕",一个是舒长春本人,另一个是运输科助理员张治文。

舒长春一开始就心里明白,他是湖北人,汪勇是湖南人,他俩压根儿就不是老乡。再说,他对套改士官一点儿也不"感冒",从没想过自己要套士官,更不要说去找汪勇求情。反倒是汪勇反复做他的工作，让他参加士官套改的竞争。

张治文曾经是汪勇的副连长。他知道舒长春的事，是因为作为运输科助理员，他主管这次汽车连士官套改的技术考核，被汪勇"纠缠"的次数太多了，不得不问个究竟。面对老领导，汪勇也只有实话实说了。原来这个叫舒长春的战士，和他非亲非故，但却一直是他最牵挂的一个兵。舒长春自小父母离异，父亲常年在外打工，他一直和爷爷生活。他性格孤僻，自尊心极强，不愿意与人交流，一个班里的战士都不愿意和他交朋友。汪勇发现这个情况后，就一直对小舒重点关注，没事就找他聊天谈心。慢慢地，舒长春也就愿意说一些心里话给汪勇听。这次士官套改，舒长春在内心深处其实也很渴望，但是作为一个炊事班的兵，他对自己的驾驶技术缺乏自信，害怕专业技术通不过，伤面子。了解这个症结后，汪勇就想，以舒长春不到二十岁的年龄及其现在的思想状态，如果当年转不了士官就要面临退伍，到了社会上更加难以生存，无论如何也不能在这个时候把他推向社会。他下定决心，要让他在部队再留两年，再多帮帮他！

于是，一方面，汪勇鼓励舒长春要树立信心，相信自己；另一方面，就在训练的时候，多给舒长春练车的机会，并教他利用一切机会多思考、多学理论。舒长春学得很刻苦，特别是汽车理论学得很扎实，自己还专门写了驾驶理论学习心得，连运输科的干部看了都连连称赞。看看舒长春的

精神之树要用乐观来浇灌 它在突然而来的不幸面前会给你力量

驾驶技术不断提高,汪勇非常高兴。但是舒长春毕竟起步晚,在连里还排不上数一数二。如果技术考核只考驾驶操作的话,那么舒长春肯定没有把握。如果既考理论又考操作,那么他就心里有底了。汪勇到处跑关系,逢人就讲士官是给其他战士起好传帮带作用的,不仅要会做,还要会讲,舒长春就是这样的人才。汪勇的无私和真诚打动了后勤部和运输科的领导,当年的士官考核既考驾驶技术,还考驾驶理论。

年底的士官专业技术和理论考核,舒长春最终取得了优异的成绩,如期转了士官。这让他重新找回了自信,从此变得开朗、积极,也和战友们打成了一片。后来,舒长春还当了班长,套了二级士官。

> 军官是带兵人,带兵就是要爱兵,不爱兵的人就没有资格带兵,也带不好兵。
>
> 军官必须端正对士兵的根本态度,对士兵应该严格要求,严格管理,要严之得法,严而有度,不能搞"官大一级压死人,巴掌下面出好兵"的那一套。
>
> 以理服人,以情带兵,使士兵真正懂得"严是爱,宽是害"。
>
> ——摘自汪勇的日记《军官带兵》
> (1998年8月21日)

亲如兄长

○王作人

> 精神之树要用乐观来浇灌
> 它在突然而来的不幸面前会给你力量

1999年12月,部队要组织一次野营外训,汪勇所在的汽车二连担负着后勤保障的运输任务。全连上下紧急动员,斗志昂扬,决心出色地完成这次外训任务,确保运输保障万无一失。

可就在12月10日,排里九班班长庄乾涛收到家里一封加急电报:母病危,速回!

庄乾涛知道母亲患的是不治之症——肝癌,而且已到了晚期。这突然的噩耗传来,使他忍不住在操场边痛哭起来。

当时住在七班的排长汪勇知道了,悄悄走到了他身边。他没有惊动小庄,而是让小庄用哭声来释放心中的悲痛。

等小庄稍稍平静下来,汪勇就关切地安慰他,并征求他的意见。

"我想回家见我母亲一面。"

汪勇也知道拉练在即,每一个战士都有任务。但看

到小庄回家的心情是那么迫切，他还是向连部作了汇报，请求连队批准小庄回家探望母亲。

似乎是在他的意料之中，连里没有准假。他又回到排里，做小庄的思想工作。谈了半天，小庄还是坚决要求回家。他又去做连长、指导员的工作，为这事连长还批评了他，说他对本排的战士太偏心。汪勇说，人心都一样，谁的父母病危，心里都难受，都想回去看看。庄乾涛在他兄弟姊妹中是老大，他回去一趟也是应该的。至于他的岗位，我可以临时找人代替。经过他在连队的死磨硬泡，终于让连长、指导员动了心，同意让庄乾涛回家。此后，汪勇又找到司令部和军务科领导，开始了又一轮的死缠烂打……

庄乾涛也知道，汪勇为给他请假的事不知道跑了多少回，心里非常感激，但脸上的愁云却没有退去。汪勇让他自己去买票，他却唉声叹气地迟迟不动身。汪勇又找他谈话，才知道小庄的母亲常年有病，花费不少，小庄每月的津贴费一发下来就往家里寄，自己身上从来不留钱，这次要回去路费都成了问题。汪勇听后，心里也特别难受，当即掏出他才领的五百来元工资塞进庄乾涛的手中，叮嘱他把家事处理好，来回路上注意安全……

2015年2月4日上午，我们在陕西省澄城县的澄合矿务局采访了庄乾涛。当谈到当年汪排长对他亲如兄长般的关心和帮助时，他几次哽咽着说不下去……

精神之树要用乐观来浇灌
它在突然而来的不幸面前会给你力量

团结人是一种才能和本事，也是一种可贵的品德。在对待团结的问题上，最能反映出一个人的品格和气度。

周总理有一句名言——团结要划最大的圈子。他说："少数人自己划个小圈子把自己圈起来，用中国的古语来讲，就叫'画地为牢'。"

周总理善于团结人的高贵品德，一方面是他温存谦和、平易近人的性格和海纳百川的博大胸怀的体现，更重要的是他把团结视为党的生命。他没有私心，只有党的利益、国家的利益，只有共产主义理想。

现在有少数人，要么相互拆台，心想不到一处，劲儿使不到一块儿；要么一团和气，上下之间搞得非常庸俗；还有的人喜欢搞团团伙伙，成了周总理批评的"画地为牢"，团结了一小部分人，排挤和打击了大多数的同志，给工作造成了很大损失。

"团结要划最大的圈子"根本的一条就是要没有私心，立党为公，站在全局的高度来看待团结，维护团结。也只有这样才能克服个人恩怨、名利思想导致的不团结现象。

我们应把周总理"团结要划最大的圈子"作为座右铭，自警自励，为推动党的事业蓬勃发展作出自己的贡献。

——摘自汪勇的日记《读〈团结要划最大的圈子〉有感》（1999年3月7日）

一次难忘的"私人订制"

○孟彦军

时代楷模——汪勇

2000年春天,又到了一年一度新兵下连队的时间。排长汪勇这次可是铆足了劲儿,要给汽车二连抢一个"好兵"。啥"好兵"?能把饭做好就是最高标准!原来,他是要给连队炊事班选人。

让全连战士吃得饱、吃得香,是汪勇提干担任排长后结在心里的一个疙瘩。可是"巧妇难为无米之炊",部队驻地在甘肃武威,受自然条件影响,蔬菜供给就是老三样:萝卜、土豆、大白菜。炊事班的战士大多并没有经过专业培训,每周菜谱就是老三样的"排列组合",做菜更是没有什么技巧可言,两勺油,一把盐,只要能熟就算合格。战士们对此牢骚满腹,但又无可奈何。虽然给炊事班找个会做饭的兵不是他这个排长最该操心的,但这也成了汪勇上任后抹不去的心事。

会做饭、愿做饭的兵,在作战部队还真不好找,汪勇搜罗了一圈也没有找到。后来,他将目光锁定在了新兵连。功夫不负有心人,新兵连还真向他推荐了一个原来当过厨师的兵。听到这个消息后,汪勇可是日盼夜盼,希望这个兵能赶紧到连队报到。

终于盼到新兵下连队的日子。一见面,汪勇对这个兵就只有"仰视"的份儿了!原来新兵田立国身高一米九二,在身高只有一米六的汪勇面前,那绝对算得上是巨人了。汪勇从上到下仔细打量着田立国,人看着挺精神,行动利索。可是低头一看,就不由得皱起了眉头。原来,田立国居然没有穿统一配发的军鞋,而是穿了一双黑布鞋,鞋帮子已经磨得破破烂烂,两个比常人长出一大截的大脚趾完全裸露在外面,在零下十几摄氏度的低温下,被冻得通红。汪勇原本想,这个兵看来是内务条令执行得不好,但仔细一问才知道,原来是这个兵脚太大,新兵连没有这么大的鞋,他一直是穿着自己母亲做的鞋进行新兵训练的。三个月高强度的训练,把他从家穿来的唯一的一双鞋子都磨穿了孔。汪勇就说:"听说你以前是厨师,到这里就给大家好好做饭,鞋的问题我来给你解决。"

汪勇答应得简单,但没想到要兑现这么一句承诺,有那么难!为了给田立国找鞋,他先是找到旅里一位身高一米九一的排长,结果人家个子虽然高,但是脚不大,人家穿的鞋田立国还是穿不上。后来,汪勇又通过司令

精神之树要用乐观来浇灌它在突然而来的不幸面前会给你力量

时代楷模——汪勇

部的老战友,托关系,找熟人,想直接通过军需科向厂家调货,可是回复却说最大的鞋只有四十五号,没有他要的四十七号鞋。连续两次找鞋,都无功而返。田立国的鞋已经破得实在穿不了了。如果写信给家里,等老家收到信再做好寄到部队,估计整个冬天他都只能光着脚了。没办法,田立国只能把军鞋当拖鞋穿,把脚拇指硬塞进鞋里,整个脚跟都露在外面。但就是这样,田立国做的菜还是让大家赞不绝口。

田立国表现越好,汪勇就越为找鞋的事着急。连续两次碰壁,汪勇寻思着,看来只有"自己动手,丰衣足食"了。买不到,咱就找人做。他找到部队驻地附近村里的一个大娘,自己掏钱让她给田立国做了一双棉鞋,总算是解决了保暖的问题。可是由于农村做的鞋都是用一层层的布、一针一线纳的鞋底儿,田立国在炊事班做饭,厨房很湿滑,鞋底难免着水。冬天下雪了,外面一走路,鞋底就湿了,很不舒服。另外,毕竟是出自农家,鞋的样子也不是很美观,和部队发的棉鞋差距也很大,影响了部队着装的统一。田立国觉得有鞋穿就不错了,可汪勇还是不满意,他决心要给田立国做一双既舒服又美观的鞋子。

利用周末休息和车队出车的机会,只要有进城的机会,汪勇就到集市里走街串巷,到处打听哪里有人会做鞋。后来,终于打听到,在一个很不起眼的巷子里,有个修鞋的师傅,听说他给人做过鞋,而且手艺很不错。等他兴冲冲地找到修鞋师傅的时候,却被一口回绝。原来,修鞋师傅嫌做一双费工费力,也要不上价钱。汪勇硬是死缠烂磨,给师傅讲这个兵表现有多好,而且刚刚入伍,以后在这里至少要待两三年,要是以后转士官了、提干了,做鞋肯定一直都在这儿,今后可以建立长期合作关系。汪勇对一个兵的真诚和关心打动了修鞋师傅,他终于答应做鞋,但是却提出只有鞋的尺码不行,还要求穿鞋的本人必须到现场,要给鞋定型。虽然麻烦一些,但汪勇想只要把问题解决了,就是再多跑几趟也无所谓。

到了周末,汪勇带着田立国亲自到了武威市区修鞋师傅那里。师傅一丝不苟地重新量了尺寸,定了型,然后用废轮胎剪出了一个鞋底儿,告诉他们过几天再来取鞋。一周后,当田立国穿上和部队配发的几乎一模一样的黑布胶底棉鞋时,真是暖在脚上,热在心里。

这样一次"私人订制",田立国一辈子也不会忘记。

> 精神之树要用乐观来浇灌
> 它在突然而来的不幸面前会给你力量

时代楷模——汪勇

> 十七年的军旅生活，把我从一个不懂事的湘西山村的孩子，培养成为光荣的共产党员。没有部队的教育熏陶就没有我的成长，也没有我今天所做的一切。部队是我人生的第二个母亲，亲如兄弟的战友情谊、令人感动和激动的心情一直在内心涌动，我要好好工作，全身心做好社区工作。
>
> ——摘自汪勇的日记《难忘军旅情》
> （2007年11月7日）

运输途中

○王作人

> 精神之树要用乐观来浇灌
> 它在突然而来的不幸面前会给你力量

2000年3月,汪勇所在部队领受了"兰天宝"国防光缆武山段的施工任务,汪勇管理的排负责向施工连队运输材料。

一天晚上,下起了一年四季难得的一场中雨,但运输工作却没有停。第二天雨还在下,汽车连按照指挥部的指令,送三车橡胶管道到工地,中午十二点前必须到达。

连队将任务交给了三排,排长汪勇当即就带着三辆车装满材料向工地驶去。

三辆解放141型军用卡车一字排开。头车是驾驶经验比较丰富的战士何江涛,中间是汪升和。汪勇坐在最后一辆车上,驾驶员是冯华。一路很顺利,但当经过一个小村庄的时候,一对年近六十的老夫妇拦住了车。

何江涛急忙跳下车,询问怎么回事儿。老人急呼呼

时代楷模——汪勇

地说:"你们施工损坏了我的庄稼,说是给赔哩,咋没见钱呢?"坐在最后一辆车上的汪勇见前面车停了下来,连忙赶了过来。当他听说群众为赔偿的事而拦车时,便和蔼地安慰这对老夫妇:"你们先别着急,我们是负责运输的,管不了施工的事,可既然是我们部队上的事,我帮你们联系。"为了不耽误施工,汪勇当即说服这对老夫妇,让冯华、汪升和的车先走,他和何江涛留下来帮群众解决这事。

天还在下着雨,两位老人只戴了顶草帽,裤管都被雨淋湿了,他和何江涛也没带雨具,就连忙向老人家里走去。到老人家后,汪勇一面想法儿联系部队,一面让老人的儿子去叫村上的干部。

老人的儿子三十多岁的样子,但腿脚好像有些残疾。一听让他去叫村干部,他也没问是啥事,就戴了顶草帽,一拐一拐地出了门。

汪勇和这对老夫妇一边说着话,一边打量着老人的这个家。房子应该是前几年盖的,并不那么陈旧,但房内非常简陋,除了墙角堆着十几袋用化肥袋装的粮食,其他什么也没有,两个长条凳和一张像小学生课桌一样的桌子已经被烟熏得变了颜色。汪勇还特别注意到,房子的西墙边放着两个塑料盆,正接着从房顶漏下来的雨水。他们坐了不到半个小时,老太太就把接水的盆换了一次。主人的儿子带着一个中年男人走进房门。老人对汪勇说:"这是我们村民小组长。"小组长一听是庄稼赔偿的事,就对老人的儿子说:"钱早都给了,你不是领走了吗?"原来,村上将赔偿款给了老人的儿子,他却没跟老人说,才闹了这场误会。

在完成运输任务的第二天,汪勇找来何江涛说:"你看到昨天我们去的那个群众家里的情况了吧?他们家太可怜了,我从昨天到今天老想着这个事,咱们是不是能帮助他们一下?"

何江涛说:"咋帮?给钱?咱们每月也就只有那么点儿津贴。给得少了,解决不了啥问题;给得多了,咱也没那个能力。"

汪勇说:"给钱确实解决不了啥问题。我看他家的房子漏雨,咱是不是能帮他把房子修补一下?"

何江涛一听要修补房子,一下子站了起来:"排长,你越想越玄了,修房子要有这方面的技术,就咱这些人握个方向盘还凑合,上墙修房这事,咱干不了。"

汪勇想,大修不可能,只能小补一下,天下雨不再漏就行了。他又找来冯华、汪升和一起商量,大家一致同意各自凑些钱,买些新的塑料布把原来旧的换掉。于是,他们就你十元、他二十元地掏出了钱,汪勇出了五十元,凑了不到二百元,买了几卷塑料布。几天后,他们四人又找了两名战士,一块儿到了老夫妇家。其实这几位战士都不知道怎么干,汪勇小时候学过木匠,干过泥瓦活儿,修补过自

精神之树要用乐观来浇灌
它在突然而来的不幸面前会给你力量

家的房顶。他找来梯子，爬上房顶，三下五除二地把房顶的旧塑料和一些堆积物清理掉，给房屋的裂缝灌上水泥，把新买的塑料布拉展铺平，四周用水泥浇盖，用石块儿和木条压住，不到两三个小时就把屋顶修补完成了。当他们要离开的时候，老夫妇拉着汪勇他们的手，激动得一直在掉泪……

2015年2月7日，我们在西安高新区见到了当年在汽车二连任驾驶员的何江涛，他说："这是十几年前的事了，但如今，我还能记得汪排长当时说过的话……"

> 全心全意为人民服务，不能半心半意、三心二意，更不能假心假意。要把人民的利益放在高于一切、重于一切去考虑，自觉地把个人的理想、前途和命运融入为人民服务的伟大事业当中。
>
> 一个人的能力有大有小，但只要有全心全意为人民服务的精神，就是一个高尚的人，一个纯粹的人，一个有理想的人，一个脱离低级趣味的人，一个有益于人民的人。
>
> ——摘自汪勇的日记《全心全意为人民服务》（1998年8月30日）

副连长真是好样的

○朱荣

2000年冬天，按照部队对新训汽车驾驶员"以运代训"的工作要求，已担任汽车二连副连长的汪勇，奉命带领一个由十余辆军用卡车（解放141型）组成的车队，从驻地到一百八十余公里外的碳山岭，为部队运回冬季取暖用煤。

这个车队的驾驶员，都是当年从司训队结业不久的新驾驶员，驾驶经验相对不足。作为带车干部，汪勇坐在最后一辆卡车上押队，这样既能防止车辆掉队，又能在出现状况时第一时间进行处置，确保安全。当日中午在碳山岭装完煤，汪勇便组织车队返回营区。然而，就在车队按顺序下山的时候，意外发生了：车队中靠后的一辆卡车后轮突然冒起了浓烟，行进中的车辆也在左右摇摆，仿佛有些失控。

坐在后车上的汪勇第一时间发现了这个状况，迅速命

时代楷模——汪勇

令本车驾驶员追了上去,两车并排行驶时,汪勇探出头大声问怎么回事,驾驶员手忙脚乱地说道:"制动(器)不灵了!"

解放141型卡车的载重量为五吨,如果在行进中的下坡路段制动器失灵,后果将不堪设想!情况危急,汪勇接连下达了命令:"把好方向,迅速减挡,慢抬手刹,马上停车!"

好在这段坡度不算太陡,弯道也不是很多,经过不断地减速减速再减速,卡车终于吃力地停了下来。车上的战士下来后,一个个脸色发白。

汪勇停车上前一问一检查,发现是驾驶员在下坡过程中频繁地猛踩制动器,造成刹车盘温度过高,刹车片过度磨损所致,也就是大车司机常说的"刹车片烧了"。他让战士打来一桶水,顺着车轮处浇了一遍,以达到降温的效果。冷却片刻,汪勇发现车队已经走远,随同保障的维修兵也随车队下了山,荒郊野外的,修车显然是不可能了。他让故障车上的战士全部坐在最后一辆车上,由自己驾驶故障车下山。

战士们一听就上来劝汪勇:"副连长,这样太危险了!"汪勇说:"我是带车干部,要对车队和战士的安全负责。现在等待救援不太现实,况且前面的车队也要注意安全,我们得跟上车队。我是老司机,遇到过这种情况,不会有问题的。出发!"

就这样,汪勇上了那辆故障车。制动器越来越不听使唤,山路的外侧就是一条大深沟,如果车辆失控冲下深沟,肯定就是车毁人亡!凭借丰富的驾驶经验,汪勇不断地在增减挡位、收放手刹、轻点气刹之间变换。遇到坡陡弯急时,后车上的战士都为他捏着一把汗,汪勇却有惊无险地把故障车置于自己的掌控之中,向前驾驶了五六公里,直到追上了在路边等待的车队……

在平地检查车辆、排除故障的时候,汪勇实地上起了驾驶培训课,讲述了当日发生的这个状况,以及山地驾驶的注意事项。战士们听了都说,副连长真是好样的!

> 精神之树要用乐观来浇灌它在突然而来的不幸面前会给你力量

雷锋是时代的楷模、先进的典范,他正确地解决了"为谁活着,怎样做人"的问题,所以他才有爱憎分明的阶级立场、言行一致的革命精神、公而忘私的高尚品格、奋不顾身的高昂斗志。

——摘自汪勇的日记《雷锋永远在我心中》(1999年3月5日)

军营"月老"

○孟彦军

时代楷模——汪勇

汪勇爱管"闲事",这在部队是出了名的。这次,他的目光盯上了连队新分来的一个排长——刘敬波。

刘敬波二十八岁才当干部,这在部队绝对算得上是一个大龄排长。汪勇能"盯"上他,不仅因为他年龄大,关键是他还没对象。这在2000年,就是一个标准的"剩男"。现役军人远离家乡在外当兵,要想找一个合适的对象,本来就是件不容易的事,更何况他所在的部队远离市区,平常连个接触异性的机会都没有,真是难上加难!

汪勇一直把为官兵排忧解难当作分内的事情。自从刘敬波来到连队,汪勇就多了一份兼职——当"月老"。不管是部队的机关干部,还是驻地的群众,只要有机会,汪勇就会向他们打听有没有合适的女孩儿,给咱部队的军官介绍一个。一段时间过去了,可他一点儿收获也没有。

汪勇是个有心人，决定要做的事，他一定会坚持到底。2000年下半年，连队一个战士的姐姐到部队探亲。汪勇对这个战士的情况比较熟悉，知道他姐姐还单身未婚，而且和刘敬波一样老家也是河北的。于是，汪勇专门制造机会，让刘敬波和这位战士的姐姐接触，双方第一印象很不错。可是，女方马上就要回老家，要想让他们深入了解，根本就没有足够的时间。汪勇就鼓励刘敬波，事在人为，彼此了解不一定非要见面，写信也可以啊（当时手机还不是很普及）。

没想到，第一封信寄出去以后，很快就收到了姑娘的回信。从那以后，汪勇就给刘敬波下了一个死任务，每周必须给这个对象写一封信。刘敬波当时是排长，按照部队的规定，排长是要和战士同住一室的。由于白天训练任务重，等晚上学习完理论，都快到熄灯的时间了。为了帮助刘敬波顺利完成任务，汪勇晚上时不时就把刘敬波叫到他和副指导员的房间，让他在那里完成"规定动作"。

功夫不负有心人。一封封饱含深情的书信，就像一枚枚炮弹，以猛烈的攻势轰开了姑娘的心扉。他们很快就建立了恋爱关系。

2001年5月，刘敬波和女友终于修成正果。汪勇在连队为他们举办了简单而热闹的婚礼，并亲自为他们主

精神之树要用乐观来浇灌 它在突然而来的不幸面前会给你力量

持婚礼。婚礼当天，汪勇非常高兴，他为自己成了一名名副其实的军营"月老"而开心不已。

时代楷模——汪勇

> 平平淡淡的我在平淡中也渴望生活中的热烈友情和心与心之间真诚的交流。
>
> 人生旅程终有终点，无怨无悔的我再回头看镜花水月的人生时会发现，功名富贵只是浮云，而最珍贵的，该是人与人之间的真情。
>
> 我本是尘土，终归于尘土。不敢奢望生活的馈赠，在随遇而安中寻得那份平淡。
>
> ——摘自汪勇的日记《平淡如我》
> （2000年9月4日）

战友情深

○王作人

> 精神之树要用乐观来浇灌
> 它在突然而来的不幸面前会给你力量

在西安铁路局西安工务段新丰车间二场保养工区任工长的邵建民，当年曾在汽车二连当班长。从1999年6月起，汪勇先后在汽车二连任排长、副连长、代理连长，直到2001年上半年调任三营军运助理员，与邵建民在汽车二连共同战斗了两年。虽然仅仅是两年的时间，但在邵建民的记忆中，汪勇是他在部队战友中情谊最深厚的一位好兄长、好战友、好领导。

邵建民说，有这么一件事，使他们全家至今都在感念着汪勇。

邵建民是2004年由部队士官转业到铁路系统的。2006年"五一"前，由于害怕长假期间人多拥挤，他提前从商洛老家把老娘、丈母娘和媳妇儿、孩子接到临潼游览。就在4月30日这天，邵建民全家人在参观完华清池和骊山后，已经到了下午四五点。他们个个筋疲力尽，

时代楷模——汪勇

尤其是两位老人腰酸腿痛,连走路的力气都没有了。他们就沿街开始找住的旅社。高档的宾馆一间标准间要两三百元,邵建民想让老人住得高兴,享受一下高档宾馆的服务,但两位老人一听一间房要两三百元,死活都不肯住,他们舍不得让儿子花这冤枉钱。小旅店条件不好且不说,还人满为患。正当邵建民带着全家老小沿着城区街道继续寻找的时候,突然与汪勇打了个照面。汪勇这时候已确定转业,当时正在联系单位。由于媳妇儿在临潼,他们一家三口就在临潼老城区北边租了一间平房居住。汪勇和邵建民也有好几年没见面了,战友见面,格外亲切。汪勇的爱人以前在部队探亲时邵建民就认识,自然是老熟人了。邵建民向他母亲、丈母娘和媳妇儿介绍了汪勇,说是他的老战友,汪勇向两位老人一一问好,问他们到什么地方去。当听说他们正在找旅社时,汪勇果断地说:"找什么旅社,走,到我家去住。"不由分说,就拉着邵建民的手,朝他们家走去。

在路上,邵建民还在想,连长有钱了,在临潼把房子都买下了,最小也是个两室一厅吧。

走到一条偏僻的巷子,推开一户人家的大门,汪勇说:"到家了。"开了门进去一看,就只有一套大约五十平方米的房子,没有啥像样儿的家具,一张大床,一张小床,一张桌子,几把椅子,一个大立柜,再就是平时生活用的物件。

汪勇媳妇儿招呼邵建民媳妇儿和两位老人洗脸、喝水，汪勇和邵建民在一边说着当年在部队的情况。之后，汪勇又领着他们在街道饭馆里吃了一顿久别重逢的团圆饭。

当天晚上，他们就住在汪勇家里，两位老人睡大床，邵建民和媳妇儿、孩子睡小床，汪勇一家三口打地铺。第二天上午，汪勇在家炒了几个菜，他媳妇儿擀了一案板细长面，他和邵建民还喝了一点儿小酒，饭菜虽然不丰盛，但两家人吃得热火，吃得高兴。

临走时，汪勇夫妇一直把邵建民全家送到车站。在回去的路上，邵建民的母亲问建民："你们俩是啥关系？他怎么对你这么好？"

邵建民说："战友关系，上下级关系。他当年给我当过排长、连长，在部队，人家就对我这么好。"

邵建民的母亲听了后，眼圈发红了，她说："我娃在部队能交上这样的朋友，我这一辈子都放心。解放军就是好，培养出来的干部这样爱他的兵，我们还有啥不放心的。"

邵建民每次回家，他母亲总是要向他打听汪勇的情况，总说她想到西安看看汪勇。邵建民怕老人来又给汪勇添麻烦，总是劝他母亲："人家在西安大城市当警察，事多得很，等他闲下来咱们再去。"

2013年11月的一天，作为全省政法系统践行党的群

众路线先进事迹报告团成员，汪勇在商洛市向全市政法干警作报告。他利用休息时间，带着水果专程到邵建民家看望了他的母亲。邵建民告诉我们，他事先一点儿都不知道，只是汪勇到了他家附近，因找不到地方给他打电话时，他才知道汪勇已经到他家门口了。

> 心连心的战友情、同志爱，是人间最纯洁、最宝贵、最值得珍惜的财富。
>
> ——摘自汪勇的日记《军官带兵》
> （1998年8月21日）

纪律重于生命

○孟彦军

> 精神之树要用乐观来浇灌
> 它在突然而来的不幸面前会给你力量

汪勇提干以后的军旅生涯，都是在邱少云生前所在部队度过的。"严守纪律，顾全整体，自我牺牲"的邱少云精神，自汪勇加入这支英雄部队之日起就已铭刻于心，并一直激励着他用信念的力量做好每一件事。

纪律重于生命，是邱少云生前部队的军魂。严守纪律，始终是汪勇的最高行为准则。1999年6月，汪勇提干当了汽车二连三排排长。作为一名排职干部，虽然和战士们住在一起，但并不需要承担站岗任务。汪勇却主动给自己排班，和战士们一样在营房门口站岗，按照一样的标准轮换。不论酷暑严寒，汪勇一个岗也没有缺过。看着排长带头站岗，战士们没有一个不佩服他的执着和坚持。汪勇的爱人带着不满周岁的孩子来部队探亲，炊事班的战士就给汪勇家里送了一些普通蔬菜，汪勇坚决予以拒绝，并强调以后不许再送。从那以后，汪勇的爱

时代楷模——汪勇

人到部队探亲,每次都是自己到服务中心花钱买菜,从没有占部队一点儿便宜。

顾全整体,是部队战斗力形成的关键要素。部队后勤单位承担着整个作战单元的保障,必须保持统一标准、同一步调,谁也不能搞特殊。可旅司令部就是有这么一个小群体——小车班,有点儿与众不同。小车班的战士直接服务于首长机关,不好管,作风松散,内务混乱,前几任领导都认为这些人难管。2004年,汪勇被推荐到旅司令部管理科,负责小车班的管理工作。为了把小车班的作风拧过来,汪勇是既当亲人,又当"恶人"。小车班的司机出车回来晚了没饭吃,他自己掏钱买保温饭盒,亲自到食堂给战士打饭。有的司机因为出车或者借故出车而不参加政治学习,汪勇就亲自给他们补课,即使只有一个人,汪勇也要从头到尾再讲一遍。对于极个别不服管理的战士,汪勇就直接找到他的服务领导。亲情的感化,制度的约束,在汪勇的努力下,小车班多年的"短板"还真让他给补了上来。

自我牺牲,在和平年代最大的意义就在于甘于奉献。在汽车连的日子里,别人不愿干的事汪勇抢着干,大家都要做的事情汪勇总是想着争第一。汽车连有两辆十七座"山花"牌面包车年久失修,战士们都不愿意开。特别是到了大冬天,零下十几摄氏度,早上起来半个小时都打不着火。可就是这样的车,却承担着几十号人的通勤任务，还不得不开。2002年，时任汽车二连代理连长的汪勇为了解决好这个问题，坚持每天晚上摸着黑，钻到车底，拧开水箱阀门，把水放完。第二天早上，他又早早去炊事班烧一大锅热水，灌进两辆车的水箱。然后他脱下外套，找到"摇把"，抡圆了膀子开始发动车辆。等车发动着，汪勇就得出好几身汗，内衣都湿透了。到了出车时间，汪勇已经把车热好，并检查完毕。此时寒风一吹，冻得他瑟瑟发抖，战士们看到他冷得直跺脚的样子，再也说不出任何托词和怨言……

十七年火热的军旅生涯，带给汪勇的太多太多。2006年10月，带着对部队的无比眷恋，汪勇转业到了西安市公安局。从军营到警营，从普通一兵到普通一警，邱少云精神以及部队的优良传统和过硬作风在他心中牢牢地落地生根，长成了一棵枝繁叶茂的信念大树。

> 精神之树要用乐观来浇灌
> 它在突然而来的不幸面前会给你力量

时代楷模——汪勇

> 军人,国家的盾牌;警察,人民的卫士。角色虽然不同,但忠诚与奉献是共同的品质。我是一名从邱少云生前部队转业到派出所的民警,必须用纪律重于生命的军魂在地方不断丰富充实个人的精神和思想,尽快实现从一名军人向合格的人民警察的转变。我想继续保持和发扬部队的优良传统,那么我在平凡的岗位上一定能大有作为,为党和人民作出新的更大的贡献。
>
> ——摘自汪勇的日记《从警感悟》
> （2007年2月10日）

第二章

社区的守护神

群众利益无小事
把简单的事办好就不简单
把平凡的事办好就不平凡

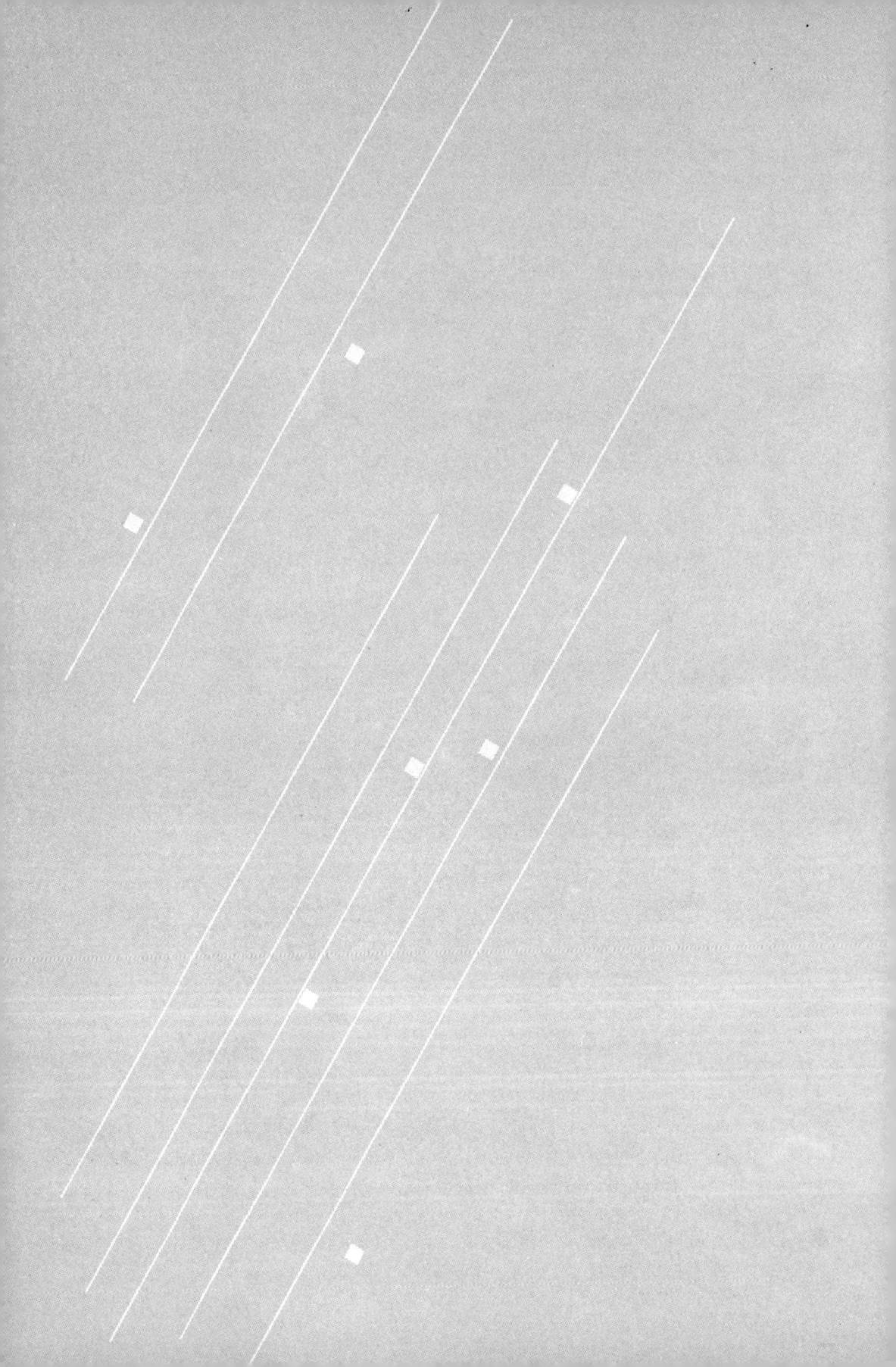

群众利益无小事
把简单的事办好就不简单
把平凡的事办好就不平凡

"社区民警的岗位才更适合你"

○王颖洁

2007年8月，经过初警培训和大半年的警务实践，两百名军转民警由西安市公安局特警支队统一出队分配至派出所工作，汪勇被分配到了新城分局韩森寨派出所。

见到兴冲冲赶来报到的汪勇，老所长程波在与他简单交谈后问："你想干什么警种？"汪勇兴奋地说："我想当刑警，因为破案抓逃犯干起来有劲儿，也容易出成绩！"

程波上下打量了一下眼前的这个小个子，顿了顿，抬着的眼皮放下了，毫不客气地撂了一句："这个你可能干不了。别看别人当刑警，你要是当了，嫌疑人就可能跑掉。我看，社区民警的岗位才更适合你。"

一听这话，汪勇的内心备受打击。他知道，一米六的身高又一次成了自己梦想道路上的一个障碍。但是，身高是爹妈给的，他无法改变。唯一能够改变的，是靠

自己后天的努力来弥补这一缺陷。想清楚了这些,"小个子片警"汪勇就接管了 0.52 平方公里的咸东社区。

咸东社区地处西安市新城区城乡接合部,有居民小组 12 个,居民 2418 户,常住人口 7230 人,是一个以倒闭半倒闭企业单位为主的综合社区,下岗人员和流动人口很多,发案率非常高。初来乍到,由于对很多情况都不了解,汪勇想,只有尽快进入群众家门,与群众说上话、交了心,才能掏出实情,找到妙方,打开工作局面。为此,他到 12 个驻地单位和 12 个居民大院,挨家挨户地上门走访。一次去见不到人,就去第二次、第三次。见到人他首先诚恳地自我介绍,表示很乐意为大家服务,以后谁家有难事需要咨询、帮助的话,就找他,他会尽最大的能力搞好社区治安,让大家有一个安全舒心的居住环境。他相信"好记性不如烂笔头"的道理,就走到哪儿记到哪儿,通过大量的走访了解,逐步建立和完善了 14 类台账,掌握了社区管理的第一手资料。由于整天泡在社区里,大家看他真的对大伙儿的事很热心、很用心,也就一点点地和他熟悉了起来。

就这样,汪勇为自己的社区警务工作确定了一个奋斗目标,那就是他的"万千百"计划,即走万里路、进千家门、解百家难,让自己完全融入社区这个大家庭。他要通过实施这个计划,把一个新片警决心为百姓服务的真情实意交给群众。

> 群众利益无小事
> 把简单的事办好就不简单
> 把平凡的事办好就不平凡

作为一名转业军人，我热爱警察这个职业。虽听有的战友讲，公安工作不好做，警察收入低，市场经济条件下，群众对警察的认识度在少数人中有偏差，不理解，不支持，有时还会发生袭警现象。但我认为军人与警察有许多共同之处，警队与军队一样光荣，穿上警服也和军人一样神圣。我为自己能成为一名警察而感到自豪。刚当警察时，陌生的环境，陌生的工作，的确使我充满无助与彷徨。在这个时候，是分局、所领导和同志们给了我无私的帮助，让我明白了作为基层民警自身责任的重要性，理解了基层民警的神圣与光荣。

记得我到派出所报到时，程所长问我想干什么警种，当时我真的想当刑警，工作起来有棱有角，容易出成绩。而所长说我干不了，别看别人当刑警容易，如果你当了之后，嫌疑人就会逃跑或是跳楼。这是打击也是压力，是鼓舞也是鞭策。在领导的关怀和同志们的帮助下，我顺利地完成了由部队转业军人到人民警察的转变。

——摘自汪勇的日记《角色转变》
（2008年7月18日）

当照片被糊满泥巴……

○张倩

时代楷模——汪勇

汪勇刚当上咸东社区管片民警时,群众并不认可这个带着湖南口音的"小个子",敲门走访时都没人给他开门。汪勇把自己的照片和联系电话制作成社区民警公示牌,挂在社区的各楼各栋里,想方便群众联系。可是,没多久,他就意外地发现,在其中一张公示牌中自己的照片上,眼睛不知被谁故意挖掉了,脸上也被乱七八糟地糊满了泥巴。

汪勇心里有些难过。这事儿,搁谁心里不堵呀!况且,自己还一连吃了这么多天的"闭门羹"呢。这咸东社区的群众,就这么难相处、这么不待见自己吗?

汪勇不信了。

他开始暗中调查,很快得知,给自己照片糊泥巴的,原来是社区居民老李。老李因为厂子倒闭下了岗、离婚等一连串的生活打击,精神状态不太稳定。加之社区里不懂事的孩子，有时会跟着他大喊"疯子！疯子！"，更加剧了老李的病情，让他总觉得自己被人瞧不起。老李对他人充满了敌意，甚至经常用菜刀和铁锤砸邻居大门，或者半夜用弹弓打人家玻璃，还烧过别人家的门帘，扰得小区四邻不安，人见人躲。

可是，自己压根儿没有见过老李，他为什么要"报复"呢？汪勇想来想去也没弄明白。有好心的群众劝汪勇："小心他犯病伤到你。"汪勇回答道："他是个病人，伤到我不怕，伤到群众事儿可就大了。"于是，汪勇上门去找老李，可三次他都闭门不见。

通过调取人口信息得知，这老李早年曾当过兵，转业后干过几年保卫干事。

"当过兵……"汪勇琢磨着，心里忽然亮了一下。

晚上一下班，汪勇就买了一些苹果、香蕉等水果，第四次敲响了老李的家门。

"李哥，我是社区民警小汪，我来看你了。能开个门吗？"

屋里鸦雀无声。

汪勇继续敲门。

"李哥，我知道你当过兵，我也是从部队出来的，您是前辈、老同志，我是您的小兄弟，今天专门来看看您。"

仍然没有动静。

时代楷模——汪勇

"李哥,您哪一年复员的?我是刚从部队出来的,想听听部队现在的生活是什么样吗?听说,你们那时的部队也可热闹了,能给我讲讲吗?"

喊了十几分钟,门那边响起一阵窸窣的声音。门终于开了,老李瞪着双眼骂骂咧咧地站在厨房边,案板上放了一把菜刀。汪勇下意识地把手伸向衣兜,里面是他出发前特意带的一只催泪瓦斯。他的大脑开始快速运转:怎么办?

汪勇悄悄用余光扫了一眼老李,只见他面无表情,身子绷得很紧,似乎有些紧张。汪勇不动声色,一只手在衣兜里握着催泪瓦斯,一只手把水果袋往高举了举,亲切地说道:"李哥,我来看看您。"老李看到水果,缓解了敌对情绪。汪勇赶紧用身子堵住厨房,悄悄把菜刀藏了起来。

老李依然没有什么表情。汪勇又环顾了一下四周,只见地上放着一盆花。汪勇很自然地称赞道:"李哥,这花养得真好!我也想养,可总是养不好,您教教我,行不?"

老李的面色忽然柔和起来,却仍旧不言语。汪勇心里有了数,他问道:"老李,咋不开灯呢?"

"坏了。"

这一句闷声闷气的回答,让汪勇的心里泛起笑意。他放松下来,抬头往顶灯的方向看去,这一看不要紧,直让他暗吃一惊。只见天花板上，粗粗细细的电线裸露、相互交错、缠绕着，完全就是东扯一下、西拉一根。其中一根颇粗的电线，居然把原本通向电灯的那条线路硬生生截断，连接到了电视机上！

"老李，咋弄成这样了？把你电死了咋办？"汪勇不禁脱口而出。

汪勇当下就掏出手机联系物业和居委会，随后和电工一连忙乎了两个多小时，给老李重新接好了电路线。他用袖子抹了抹头上的汗，按了一下电灯开关。

灯亮了。

明亮的灯光下，汪勇看到老李居然咧着嘴，笑了。

汪勇剥了一根香蕉递给老李，装作不在意地问："你知道不，谁把兄弟在楼下贴的照片糊得满脸泥，还把眼睛也抠了？"

老李不安地搓了一下手，然后提高了声音，正色道："我不知道！"

话虽如此，可汪勇后来听说，老李当晚就悄悄跑下楼，把自己照片上的泥巴擦了个干干净净。

再后来，汪勇又联系老李原来工作的厂子，多方协调，帮他争取到了每月三百元钱的生活补助。这笔钱，在外人看来不算什么，可对于多年下岗无业又孤身一人生活的老李来说，就解决了基本的吃饭问题。那一天，当汪勇和厂领导一起来到老李家，把三百元补助递到他

群众利益无小事
把简单的事办好就不简单
把平凡的事办好就不平凡

时代楷模——汪勇

手里的时候,老李的眼泪都流下来了,嘴里不停地念叨:"没人瞧不起我……没人瞧不起我……"

也有群众不理解,悄悄对汪勇说:"老李是装疯卖傻呢!你何苦如此!"每每这时,汪勇就会板起脸来反驳:"人家都妻离子散了,装得出来吗?不要刺激他!"对于那些喜欢追着老李喊"疯子"的小孩子,汪勇也与居委会的干部一起逐一跟他们的家长讲道理,"小孩子不懂事,大人也不懂事吗?万一出了事咋办?"

有了汪勇这个警察"小兄弟"撑腰,老李渐渐不再敏感自卑,也不再对人充满敌意,他的性格越来越开朗。曾被大伙儿头疼的"打人家玻璃、砸人家大门"之类的闹剧,也越来越少了。

> 群众利益无小事
> 把简单的事办好就不简单
> 把平凡的事办好就不平凡

从部队转业到公安基层派出所工作之初，我感到很不适应。过去的工作和生活基本上是"三点一线"，工作关系只是单一的上下级关系，环境单纯，工作也比较轻松，处理问题相对简单。部队环境造就了转业军人讲话直爽、办事干练、服从命令的优良品格。

但到地方后，尤其是派出所的工作则是面对一个包罗万象的复杂环境。工作关系除了上下级关系外，更多的是横向的协调、配合和协商关系。这就要求不仅要有干练的作风，更重要的是适应公安基层工作。首先必须适应新的环境，转变思想，用灵活创新的、开放的全新思想去应对新的环境。一个人是要有思想的，认真是干好工作的基础，用心是成事的保证。我要用"万、千、百"，在"勤、责、爱"为保障的条件下，迅速实现工作方式大转变。

——摘自汪勇的日记《迅速实现工作方式的转变》（2008年10月10日）

治安"老大难"小区的变化

○张倩 殷洲

时代楷模——汪勇

2007年,说起位于新城区韩森寨街道的东城桃园小区,那可是在新城区排了号的。当时的区委和区委政法委领导都因为这里案子发得太多,专程跑来调查过。

说起来,也不能完全怪东城桃园小区的自身管理。这只是一个普通的商业小区,楼群也不是很多。按说,并不是那么起眼儿。但由于这里地处新城、雁塔、灞桥三个区的交界处,小区外围又紧邻着两个超大型的城中村,便显得特别起来。有一段时间,平均每个月都要发生六七起入室盗窃案。对于一个拥有千把住户的小区来说,这个数字,真的很让人心慌了。

汪勇在这里任社区民警时,正值东城桃园小区物业经理李京心情最差的时候。反复被领导批评,李京也很委屈:小区建得早,在模式上还是传统的地产方与物业方两张皮的管理方式,也就是说,物业公司是应聘进来的,随着时间的推移,小区很多设施老化了、跟不上治安发展要求了，但作为应聘方的物业公司，当然不愿意花钱重修或增建。打个比方，有哪一家的保姆，会因为主人家的家具不好使就自掏腰包给人家换新的呢？

何况，东城桃园小区的住户成分结构复杂，外来人员多、租住人员多、老年人多、做生意的人多，是个典型的混杂商住小区，这几"多"原本就够让人头疼了，这些住户的各种道理更让人哭笑不得。比如，一位被儿子从老家接来住的老太太就非常理直气壮地质问过李京："这是我买的房子，我在我家，凭什么给你交物业费！"

还有的当面责难："案子多得让人都不敢住，还好意思收物业费？"

类似这样的事情真是多如牛毛。李京想不通：难道我不想让小区治安好吗？案子发得多，住户也老给我提意见，我的日子好过吗？

初次见到汪勇，李京并没有太多的印象。只是汪勇临离开的时候，讲的一句话让他不由得多看了一眼这个新警察。汪勇说："你们下次召开保安工作例会的时候，一定要通知我。"

后来，汪勇真的来了。不仅来了，还认认真真地询问了每一名保安的姓名，并且相当系统地向大家讲解了巡逻防范的技能与要点。最后，还公布了自己的手机号码，承诺二十四小时不关机。

这天晚上，李京翻来覆去睡不着，他的眼前总闪现

> 群众利益无小事
> 把简单的事办好就不简单
> 把平凡的事办好就不平凡

时代楷模——汪勇

着汪勇的影子,这个民警好像真有点儿与众不同呢。

李京不知道,此时此刻与他一样睡不着的还有汪勇。汪勇正眉头紧锁,打着手电筒独自行走在东城桃园小区东围墙外的一段废弃铁道上。这个铁道曾经是专为某军工厂运输军用品的,随着道路交通的发展,便弃之不用了,但也一直没有被拆除。后来,在铁道边上建起了商业小区,铁道与小区便成了邻居关系。

汪勇起初并不知道这些。他心里一直在琢磨,为什么单单就东城桃园小区防不住入户盗窃案?晚上,想着想着就踱步走到了这边。汪勇先是在小区转了一圈,当看到昏暗的灯光和少得可怜的电子监控探头时,他的心里渐渐有了答案。走到东侧围墙这边,汪勇发现,这堵墙看上去似乎更低一些,墙外,居然还有影影绰绰的一道高坡。汪勇的那股子劲儿就上来了,他蹭地一下翻上墙,才看清这"高坡"竟是一条旧铁道。铁道与小区的围墙虽然间隔着两三米的距离,但铁道边长满了枝叶繁茂的大树,顺着树枝,很容易就能在围墙与铁道之间往返。汪勇试着攀上一根树枝,纵身一跃,果然就稳稳地落在了铁道上。

顺着铁道走了百余米,汪勇一路看到了数个被丢弃的身份证、钱包、皮包等物品。仿佛一个难题忽然被解开了,汪勇心里一阵豁亮与欣喜。为啥东城桃园小区贼多?因为有这样一条便捷的通道嘛!

自从汪勇到来,李京的惊喜可谓是"接踵而至"。且不说保安培训、工作支持、帮忙调解住户与物业的矛盾,单单把房屋出租、暂住证办理的登记权限和住户身份的登记验证权限下放到物业,协助汪勇管理,就让李京高兴了很久。自己正为小区住户杂乱、不配合物业工作头疼呢,有了这个"权",遇到不肯登记身份信息的主儿,就可以按规定限量购水购电。这样一来,物业有了权威,管理上不再那么难搞了,把小区的常住户、租住户也很快摸了个清清楚楚。更重要的是,有了这个程序,一些形迹可疑的人员就不敢来东城桃园小区租住,因为交物业费的时候,他就会暴露身份。

可是,李京依然没有想到,第二天早晨,自己刚走进办公室,汪勇又兴冲冲地送来了一份"大礼"。

"李经理,我找到发案高的原因了!"

紧接着,汪勇向他摆出了一套完整的规划:一、给东围墙装上铁丝网,防止攀爬;二、在东围墙和小区内增设监控探头;三、在东围墙增设警灯和探照灯,在小区内增设路灯。

李京看了一眼汪勇,不由得心生敬佩。这条废铁道,自己是早就知道的,怎么就从没想过翻墙上去看一看呢?而且,汪勇这三条意见也真是说到自己心里了。可是这头一桩还算好办,资金不多,自己说了能算。可后两条,那得物业公司老板点头才行呀。这里头的难处,李京深深懂得。

汪勇说:"你告诉我联系电话,我去谈。"

李京一直觉得汪勇有一种特别的能力,就是他讲话

你就是爱听。

即便早有心理准备,可半个月之后,当十六个崭新的高清摄像头、十五盏路灯和三盏探照灯果真在小区被安装的时候,李京依然充满好奇:自己提请了多次,但老板都没舍得投资的小区安防设备问题,汪勇是如何说服他的?

很快,李京的不解就有了答案。那是在探照灯安装的初期,好些群众不理解,嫌晚上刺眼睛、影响休息,一位患有神经衰弱的老太太甚至还跑到物业办公室正式提过抗议。李京都想打退堂鼓了。汪勇拉着李京来到老太太家,嘘寒问暖,又是要帮老太太再买一层窗帘,又是讲探照灯对大伙儿安全防范的作用,还配了几个真实案例。老太太就这样被说服了。

路灯安起来了,摄像头架起来了,探照灯照起来了,四盏汪勇自掏腰包购买的警灯也高高悬挂在了东围墙和小区大门口。东城桃园小区的入室盗窃案迅速下降。

后来,那位曾经强烈抵制安装夜间灯的老太太,每每见了李京和汪勇,都会乐呵呵地主动打招呼。

李京想,其实汪勇之所以有这样的特别能力,让你总是能很舒服地接受他的意见,并不是靠什么花言巧语,而是真心实意地为对方着想。比如物业公司老板,当他从心里接受了汪勇这个社区警察时,又想到虽然花了些钱,但小区案子下降了、住户满意了,这可以更长久地为物业公司谋利益,自然就愿意掏钱了。

2013年,东城桃园小区划归到幸福中路派出所管辖,汪勇也随之结束了与李京将近六年的合作。临离开之时,他特意邀请李京、居委会主任和新上任的社区民警一起吃了顿饭,详详细细地把工作进行了交接。这也是汪勇第一次与李京吃饭。此前,李京因为感激他的支持,多次邀请汪勇吃饭,都被汪勇谢绝。这一次,终于在一起吃了饭,却还是汪勇掏钱。

如今,每当回忆起汪勇勤恳而踏实的工作作风、热情的态度以及那些年来与自己的默契配合,李京感慨不已。

> 群众利益无小事
> 把简单的事办好就不简单
> 把平凡的事办好就不平凡

充分发挥社区警务的职能优势作用,将社区警务与推进社会矛盾化解相结合,主动从刑事执法、行政管理和为民服务中了解社情民意,可以进一步突出社区警务调解的预防、预警作用,达到矛盾纠纷"早发现、早报告、早控制、早解决"的预期目的。社区工作最实的事就是要把治安搞好,让人民群众有实实在在的安全感,而不是搞一些华而不实的花架子。只要你是真心为群众着想,他们会理解你,也会诚心协助你。

——摘自汪勇的心得体会《浅谈如何做好社区民警工作》

时代楷模——汪勇

停车风波

○张倩　殷洲

"李经理，不好了，又有个业主把大门堵了……"

晚上九点多钟，东城桃园小区物业经理李京刚处理完十来名业主有关取暖费的问题，正口干舌燥着呢，保安小王就急火火地闯了进来。

"咋回事儿？"李京赶忙把送到嘴边的水杯又挪开。

"唉！还是那停车的事闹的！"小王喘着粗气回答。

又来了！李京心里暗暗叫苦，站起来就往外冲，忙不迭地吩咐小王："赶紧给汪勇打电话！"

说起来，这麻烦还真是汪勇惹的。

东城桃园小区建得早，是西安市较早的一批小区。当时大概是没预料到后期发展的问题，小区没有建配套的停车场。起初还好，住户们都把车停在道路两边，倒也算两相无事。可随着私家车的数量越来越多，矛盾就凸显了。每到夜间，小区里大大小小、各式各样的车就歪歪斜斜地挤满了每一个拐角和通道，造成通行难、车主之间矛盾多等问题，夜间急救和消防更是大问题。

已经有好几次，李京都碰到过有业主夜里突发急病的事儿，120急救车进不来，李京只好带着保安暂时脱离工作岗位，帮忙用担架把患病业主抬到救护车上。

李京曾经考虑过把一部分绿化带改造成停车场，却遭到业主坚决反对，只好作罢。

社区民警汪勇第一次踏进东城桃园小区时，院子里停得横七竖八、塞得水泄不通的车辆盛况，让他暗吃一惊、后脊梁直冒冷汗：万一小区里失个火什么的，麻烦就大了……简直不堪设想……

汪勇把小区里能停车的地方摸了个底朝天，一共数出二百个车位；又把小区的私家车盘点了一番，估算最少也有五六百辆。剩下的几百辆车怎么办呢？

可是，小区内的通行问题必须解决，消防事大！这么想着，汪勇就找到了李京，讲出了自己的想法：实行滚动式限量停车。

所谓滚动式限量停车就是，哪辆车能进小区、哪辆车不能进是不固定的，只要是业主的车，都有权进入。但有一个条件，就是必须有空车位。也就是说，小区里只限二百辆车入内。其余的，抱歉，只能自己想办法了。

乍一听这个主意，李京吓了一跳："这可不行，汪勇！业主们非把我这物业办公室砸了不可……"

时代楷模——汪勇

李京的担心自有道理,业主们买房子买公摊,凭什么不让人家的车进门?

"但是,一旦发生火灾,消防车进不来,你要承担的就不仅是物业办公室被砸的责任了……"汪勇的语气很严肃,也很严厉,但目光却充满了善意、关切与焦虑。

李京不吭声了。他闷了一会儿,轻轻点了点头,表示同意。

一切都在李京的预料之中。自从实行了这个滚动式限量停车制度,李京的麻烦就接踵而至。白眼的、骂娘的、跑到物业办公室讨说法的,当然,还有不让车进门干脆堵在大门口的,真让李京焦头烂额。

汪勇的日子也不好过,一些好事的住户甚至跑到派出所抗议,说汪勇是"胡折腾",斥责他"吃饱了撑的"。

汪勇把自己的电话写给每一名保安,他对李京说:"大伙儿不理解,我懂。但咱一定得坚持住。有事儿让保安随时叫我,保证随叫随到!"

汪勇果真没食言。只要有车进不了小区大门的住户骂娘、闹事、堵门,只要值班保安打一个电话,夜再深,汪勇都会整整齐齐地穿着警服很快出现。警服,毕竟具有一定的震慑力,再加上因为之前把小区高发案问题给解决了,汪勇在住户们心中也还有一些话语权,一般来讲,处置起来倒也不算太复杂。而且,汪勇还联合物业一起,经常向住户们宣传行车通道畅通对于消防的重要性。绝大部分住户是明事理的，闹事、堵门之类的事也就渐渐少了。

可是这一次，这位堵门的女业主还真是不好惹。

眼看着小区门口的道路越堵越严重，保安小王和同事急得不行，他们苦口婆心地劝说，又是展示公示的规章制度，又是融情于理，可女业主坐在车里就是一动不动，前前后后只有一个表情：今儿不让我的车进门，姐姐我就不走了！

汪勇很快赶来了。

女业主斜了一眼，看到是汪勇敲自己的车窗，仍然一副"六亲不认"的表情，只懒懒地用手指了指小区大门，示意让自己进去，便又双臂一环，交叉于胸前。

看着眼前这位女业主软硬不吃，汪勇的犟脾气"唰"地就上来了。你不把车开走，我就把你的车抬走！看谁犟得过谁！

自从接管这个小区后，汪勇还没跟哪个住户红过脸、较过劲呢。可这次不一样。你今天如果服了软，明天、后天、大后天，就会源源不断地有其他住户也来使堵门这一招，你同意还是不同意？处理还是不处理？让进还是不让进？到最后，干脆只能取消这个"限量入门"的新制度，回到小区交通水泄不通的旧时光了！

汪勇招呼着李京和保安们，大家四下围着女业主的车，弯下腰去，齐心协力一使劲，小汽车摇摇晃晃地离开了地面。

"呀——"女业主坐在车里吓得大叫，"你们咋来

群众利益无小事
把简单的事办好就不简单
把平凡的事办好就不平凡

真的!"

汪勇和李京交换了一个眼神,继续合力把车往起抬。

汪勇喘着气大声对女业主说:"今天不但要给你抬开,还要处罚你!你用车堵门,扰乱小区的公共秩序,违反了《治安管理处罚法》!"

女业主这才惊觉事情的严重性,连连回话:"快放下,快放下,我把车开走还不行吗?"

听到这一声回话,汪勇才招呼大伙儿把车放下。女业主面带惭色,掉转车头,慢慢地将车开走了。

刚喘口气,电话响了。汪勇掏出手机一看,是个陌生号码。

"请问是汪勇吗?"

听到肯定的回答,那边的笑声爽朗起来:"我是你的老战友呀!还记得吗?我是老赵!"

"战友?"汪勇急忙在大脑中搜索,很快想到了一个人,他高兴地说,"是你呀!多年也没你的消息了!"

"是呀!好不容易找到你的电话!"那边忽然话锋一转,"先说个正事!东城桃园小区是你管不?"

"是呀!"汪勇有些奇怪。

"唉!有个小事儿,我就在这小区住,现在车在门口被拦了,保安不让进。你给说说?"

汪勇顿时有些头大。在部队时,这名战友和自己也有些交情,他转业早,失联多年了。如今,没想到居然

时代楷模——汪勇

就住在自己的辖区。可这头一次联系，怎么恰恰就是自己最为难的事呢？

一瞬间，汪勇心里甚至有个冲动：让他进去算了……

但他很快否定了这个念头。哦，别人不能进，你的战友就能进？你以后还怎么在住户中说得起话？

汪勇向大家看了一眼，果然见一辆轿车正停在门口。汪勇急忙向李京使了个眼色，侧身躲了起来。他充满歉意地对着话筒说："这件事呀……对不起呀，老赵……其实，这个主意就是我出的，你不会让你的战友自食其言、出尔反尔吧……"

"我也不行？"那边的声音冷了起来。

"真的……不行……"汪勇还想解释一些什么，还没想好如何表达，话筒里就传来一阵忙音。

紧接着，汪勇就看到那辆车匆匆地掉了个头，开走了。

一种酸酸、哽哽的难过在汪勇心头漫开。他没有回家，而是来到附近的水果市场，选了几斤好水果，又请李京帮忙查到了这位战友家的具体位置，给人家上门道歉。

第二天，汪勇把堵门的那位女业主约到派出所，专程找出《治安管理处罚法》中关于扰乱公共场所秩序的法律条文，让她学习了一番。接下来的一段时间，汪勇又忙着逐一上门拜访小区周围的学校、单位，想方设法协商车位，为部分住户解决了夜间停车和周末停车的问

群众利益无小事
把简单的事办好就不简单
把平凡的事办好就不平凡

题。这以后，再也没有出现过为停车而堵门、闹事的状况。

如今，走进东城桃园小区，早已是一幅秩序井然、道路畅通的景象。而那位战友，也成为支持汪勇工作的"铁杆儿"了。

时代楷模——汪勇

> 随着社会改革发展，各个社区的社情民意千差万别，在不同的时期，都有着不同的变化，因此社区警务工作绝不能完全照搬照抄书本和别人的经验，一定要从本社区出发，按照为民、务实、清廉的原则，在充分调研后，听取各方面的意见、建议，采取符合本社区实际、行之有效的方法开展工作，才能取得应有的实效。更要切记，千万不能搞那些"假大空"的面子工程——看似好看，实则无用。那样做不但无效，而且迟早会被抛进历史的垃圾堆中。
>
> ——摘自汪勇的日记《参加全国公安机关群众工作宣讲报告团的感想》
> （2014年6月3日）

午夜守护神

○褚明

> 群众利益无小事
> 把简单的事办好就不简单
> 把平凡的事办好就不平凡

社区警务工作,重头戏是平安建设。没有群众的支持,平安和谐就是空谈。

2007年,汪勇管辖的社区一度盗窃案件高发,搞得社区居民人心惶惶,没有丝毫安全感。汪勇看在眼里,急在心间。在社区治安防范会上,他总是强调说:"晚上院子里有人转、有人看和没人转、没人看就不一样。"为了将这句话落到实处,汪勇多方奔走,积极协调,终于将社区保安、门卫、治安积极分子、热心群众等分散的安保力量整合起来,组建了一支多达七十人的夜巡队,在发案高峰时期的每天夜间零点到四点在社区巡逻,并教会他们如何"问、查、跟、记"。

夜巡队没有装备,没有补助,但社区的群众却踊跃参加。其中,年龄最大的,是安装公司北院七十多岁的退休工人邵振山老两口。冬天寒风刺骨,夏天酷热难耐,

时代楷模——汪勇

但老两口一直坚持夜巡。几次汪勇都让他们别巡了，他们却说："你们为我们连家都回不了，我们是为自己平安，怎么能不参加夜巡啊？"前年，年近八十岁的他们确实干不动了，又发动他们的儿子参加夜巡。这一家人，带动整个社区的群众都来参加安全防范。省建八公司家属院的退休工人张永才，每天后半夜起来跟着夜巡队，拿着手电在院子里转。而这个积极支持治安防范的人，老伴早年病故，儿子脑萎缩瘫痪在家，全靠他做饭喂饭、擦屎倒尿，这么困难，他也毅然参加，坚持不懈。

夜巡队轮换班次巡逻，队员们每隔三天参加一次夜巡，但汪勇的身影几乎每天都要出现在这支巡逻队伍里，他实在放心不下队员们。"要是晚上没有见到夜巡队，怎么都睡不踏实。"汪勇总是感慨地说。时任韩森寨派出所副所长覃建中至今仍钦佩不已："只要是我值班带队到辖区巡逻和检查，每次都能与汪勇不期而遇。"当他得知汪勇每天夜间都要带着巡逻队巡逻到凌晨四点时，担心汪勇身体吃不消，也试着从开始的鼓励变成了劝回，但每次听到的都是汪勇那句快让他耳朵生出老茧的回答："转转就回，转转就回。"27号院退休女教师陈群燕激动地说："我晚上觉少，经常半夜隔着窗户看见汪勇带着夜巡队在巡逻，心里特感激。"

汪勇究竟带领夜巡队巡逻了多少次，他自己说不清，社区居民也记不清，但显而易见的是：夜巡队功不可没。

自从有了他们，社区盗窃案件发案率直线下降，一度连续数月都是"零发案"。更值得一提的是，2008年3月，新城分局韩森寨派出所依据他们提供的线索跟踪可疑车辆，一举端掉在新城、碑林、莲湖区等数十个住宅小区疯狂作案一百多起、涉案金额高达上百万元的开锁入室盗窃团伙，引起了巨大轰动。

夜巡队自此一鸣惊人，他们也有了一个亲切的称呼——午夜守护神。不断有群众找到汪勇，要求加入这支队伍，夜巡队正在壮大！警民携手邻里共建平安社区的最佳安防格局在这里成功构建。

> 与居民群众朝夕相处，我们的一言一行都在群众中有着影响。如果你一身正气、品格端正，群众就信服你，你说话就有人听，指挥就有人干，你安排的工作群众就会踊跃支持。
>
> ——摘自汪勇的日记《端正的人格是我们人民警察的本色》
> （2008年6月13日）

群众利益无小事
把简单的事办好就不简单
把平凡的事办好就不平凡

在学习中成长

○王颖洁

时代楷模——汪勇

参军入伍时,汪勇仅有中学文化程度。他深知自己文化根基的浅薄和知识能力的欠缺,便在工作之余"恶补"各类文化知识和与本职工作有关的业务知识,抓紧一切时间为自己"充电"。他从部队要求掌握的"应知应会"的内容学起,学习笔记密密麻麻地记了一大堆;在集团军司训队学习驾驶业务时,汪勇注重理论与实践相结合,被集团军后勤部评为"优秀学员";他利用业余时间自费参加系统的电脑操作培训,熟练掌握了常用的电脑操作系统。由于坚持不懈的学习,2001年7月,汪勇拿到了西安陆军学院经济管理专业的大专文凭。对此,他仍不满足,通过三年刻苦的在职学习,于2004年7月又获得了军事指挥专业的本科文凭,并取得了学士学位。

担任社区民警后,由于工作经验不足,汪勇特别注重向书本学、向身边学、向实践学,在学习中不断提升履行本职工作的能力。他结合岗位需要大量学习公安业务知识和法律知识，潜心钻研《治安管理处罚法》、《刑事诉讼法》及各类案件办理规定等常用法律法规，认真钻研不同事件、不同案件的走访调查方式、询问内容和讯问技巧，先后归纳总结出《吸毒案件笔录17要素》、《各类案件适用法律条文汇总》、《调查取证注意事项》等多种实践体会和工作要点。2008年，分局就社区警务工作提出了"抓基础、抓防范、抓服务"的"三抓"要求。汪勇则在学习实践的基础上，总结出了"勤、责、爱"的工作方法。他在学习中信奉"拿来主义"，一边虚心向工作经验丰富的领导和同事请教，一边借助于公安信息网学习平台，广泛搜集各地公安机关做好社区警务工作的先进经验，凡是对工作有益的，就保存起来潜心研读。近年来，汪勇经过下载整理，先后深入学习了《社区民警必须要了解的30个怎么办》、《入户走访工作五法》等近百份资料，这些都为他胜任本职工作打下了坚实的基础。

群众利益无小事 把简单的事办好就不简单 把平凡的事办好就不平凡

理论学习在有的人看来是枯燥的，但汪勇却能从中找到乐趣，发掘知识中蕴藏的"黄金"。从军营到警营，从军人到警察，他都非常注重理论学习，并在学习过程中做了厚厚的剪贴本。只要是看到报刊上的好文章，只要是工作中用得着的，汪勇都一篇一篇地剪下来，一张一张地贴到本子上，一遍一遍地反复学习。多年积累下来的多本学习剪贴本，涉及时事政治、思想评论、典型经验、工作方法等方面，成为汪勇工作的"好帮手"和用之不竭

时代楷模——汪勇

的财富。2011年，汪勇到临潼新疆军区疗养院参加体检，看到院内随处可见的人生格言和养生知识，就用相机拍了下来，存到电脑里，闲时就会打开看看，细细琢磨领会。而在临潼铁路中学看到的一句话"认真才能把事情做对，用心才能把事情做好"也让他一直铭记在心。

学习贵在锲而不舍地思考和钻研。通过边学习边实践，汪勇对做好社区警务工作有了自己的认识。他结合学习和工作实际，先后撰写了《浅谈社区民警如何在警务工作中说理执法》、《社区民警执法工作中的几点思考》、《公安民警应坚持"五慎"》等多篇学习体会文章，并将学习成果充分运用到实践中，在不断摸索中逐渐积累了丰富的工作经验。2010年9月，汪勇应邀回到集团军直属队，结合自身实际为部队官兵作了一场"复转人员如何在地方建功立业"的专题报告，受到了官兵的热烈欢迎。2011年10月，汪勇撰写的《深化说理执法之我见——贯彻说理执法机制构建和谐警民关系》一文，在全市公安机关说理执法征文活动中荣获二等奖。

由于自觉地把学习当作一种习惯，汪勇逐渐成为本职岗位上的行家里手，做起社区警务工作也是得心应手。时任韩森寨派出所副所长的覃建中说："汪勇注重学习，工作细致，啥事交给他都很放心。"户籍民警夏月红谈道："汪勇为人谦虚，踏实肯学，干什么都很认真。"社区民警王延林、陈林都是2011年由企业公安转警进入西安市公安局的,他们说:"刚入警时不懂的地方很多,汪勇平易近人,便向他请教很多问题,他手把手地教给我们,对我们适应派出所工作帮助很大。"持续深入的学习,有力地推进了汪勇本职工作的开展。汪勇先后在市局和分局"两口一屋"信息大会战、"六普"户口整顿等多项业务工作中被评为先进个人。汪勇说,信息化时代对人的综合素质有着更为全面的要求,为了能够跟上时代的脚步,充分实现自我价值,就必须积极投身到学习型公安队伍中去。

> 群众利益无小事
> 把简单的事办好就不简单
> 把平凡的事办好就不平凡

　　勤于学习思考,善于自我提高,做业务工作的明白人。要学理论,用正确的理论知识充实自己,树立正确的世界观、人生观;要学文化,掌握多学科的知识,尤其是社科类知识,不断提高人文素养;要学科技,了解科学技术发展动态,熟悉新科技在公安工作中的应用情况;要学技能,掌握公安常用装备设备的使用方法,熟练地使用各类公安应用系统;要学业务,懂法律会办案,懂管理会服务,懂政策会做群众工作,熟悉公安业务的操作流程,尤其是户籍政策,张口就来,积极协助,赢得老百姓的信任。

——摘自汪勇的心得体会《用"十勤"工作法争做一位优秀的社区民警》

"这个社区民警应该受到表彰"

○马涛　王颖洁

时代楷模——汪勇

2010年4月的一天下午，在西安市咸宁路上一家汽车维修部因工人操作不当而引发汽油闪爆，造成五死一伤。这是一起重大安全生产事故，省市区三级都非常重视，迅速成立了调查组，调查事故原因，倒查追究责任。

事儿出在汪勇管辖的片区内，如果他在日常管理中稍有疏漏，没有尽到职责，责任追查下来，那么这个小个子民警就得脱警服，甚至是进监狱。当时，分局政委杜创建得知后，真替他捏了一把汗。事故发生的第二天，汪勇就被调查组叫去问话："你是怎么履行职责的？都做了哪些防范措施？是否认识管理对象？有没有办理相关手续？签没签有关责任书……"查到最后，该做的工作，汪勇都做了。很多部门被追究，他却受到了表扬。

但这件事情，还是让汪勇心中为之一惊：想不到这个婆婆妈妈的工作还有这么大的责任！一家老小主要靠我，自己可不能在刀刃上行走，钢丝上过河。于是，汪勇又找到所领导，要求当刑警，不干社区民警了。所领导的回答直截了当，又很形象："你以为刑警好干？嫌疑人当着你的面从楼上跳下去，你照样吃不消！这次的事恰恰说明了你非常适合社区民警的岗位，好好干一定能出成绩！"

尽管后来所领导也多次找他谈心，但当时的这一番话，着实让汪勇的内心受到了打击，也让他感受到了压力。怎么办？汪勇在日记中写道："所领导的拒绝，对自己既是打击又是鞭策，既然组织上把我安排在社区民警这个岗位上，我就要在这个岗位上发光、发热，做一名优秀的社区民警。"

当时一同去的还有时任分局局长冯厂生。当天晚上，杜政委在楼道里见到了冯局长，迎上去就问："咋样，咱的管片民警不会有啥事儿吧？"冯局长摇摇头说："没事，没事。"接着，冯局长又说，"你看看咱汪勇，那台账整整齐齐，不但每个月都有检查记录，还和每家店的负责人签订了安全责任书。公安部消防局的一位领导在现场说，这个社区民警不应该受到处罚，而应该受到表彰。"听冯局长这么一说，杜政委心里的一块石头终于落了地。后来，有一位民警在谈论起这件事时说，汪勇躲过了一劫，杜政委当场批评他："汪勇把他该做的都做到了，再严厉的责任追查也不是劫，而是对他的褒奖！"通过这件

群众利益无小事
把简单的事办好就不简单
把平凡的事办好就不平凡

事，汪勇成了分局家喻户晓的人物，大家开始敬佩起这位小个子民警。

时代楷模——汪勇

> 作为一名社区民警，如果不沉在社区，扎根社区，紧密动员和依靠居民群众，要想维护好社区的治安环境，显然不可能。就好比医生心目中没有患者一样，谈何职业道德，谈何人生奉献。社区警务工作使命光荣，责任重大。我认为社区民警的工作不仅是时代的需要，也是党和组织的需要，更是人民群众的需要。
>
> ——摘自汪勇的日记《对社区民警工作的认识转变》（2013年8月1日）

捉贼记

○张倩　李超

> 群众利益无小事
> 把简单的事办好就不简单
> 把平凡的事办好就不平凡

2009年10月29日晚上，当手机响起来的时候，汪勇正准备休息。其实，他也是刚进家门没多久。天冷了，因为担心社区的几位贫困户和孤寡老人，下班以后，汪勇没有直接回家，而是特地去社区转了转，看看这几户人家的棉被和过冬衣物缺不缺，或是有什么需要自己帮助的。说起来，这并不是社区民警的职责，但汪勇觉得，人都是以心换心，自己做了什么，社区的群众都看着呢。想让人家支持警务工作，就必须先让人家接受你、认可你。

汪勇看了看表，已经快夜里十二点了。来电显示是社区群众小王，小王曾经得到过汪勇的帮助，后来主动报名，成了汪勇的治安信息员。他在这个时间来电话，肯定有急事。

果然，电话刚一接通，那边就传来急急忙忙的声音：

时代楷模——汪勇

"汪哥，快！有贼进到商店了！"

汪勇赶忙问详情，原来，小王晚上在网吧上网，刚出来，就看见街对面手机店铺的窗户上趴着一个人影，好像正往里面钻。

汪勇一边抓起棉袄就往身上套，一边不忘叮咛小王："外面冷，你就在网吧盯着，我马上到！"

这家手机店铺位于一个小街巷上，深夜里，除了昏暗的路灯，周边几乎没有什么灯光。汪勇带着辅警一路小跑而来，店铺四周静悄悄的，空无一人。他拿起手电筒查看，只见大门紧锁，在一侧的窗户上，卷闸帘被剪开了一个四四方方的小洞。小王指着这个洞对汪勇说："我就是看见那贼从这里进去的！"

窗户距离地面有些高，汪勇踮着脚，用手电筒往里照，想看清楚情况。但是，屋里并没有人。汪勇扭头问小王："你确定贼没出来？"

"我一直盯着呢，肯定没出来！"小王确定地回答。

汪勇点点头，再次将手电筒照进去细细观察，发现在视线的死角处，挂着一扇白色布帘。原来，这屋子是个套间。汪勇断定，那贼肯定藏在套间里。他转身找来一根细棍，想挑开布帘探探里面的情况，可是因为角度太小、洞口也太小，不管他怎么努力，棍子距离布帘就是差了一点儿。

怎么办呢？不了解屋里的情况，贸然从这个洞钻进去，显然太危险。你根本不知道屋里到底是一个人、两个人，还是三个人，也不知道人家是不是持有刀子、棒子或其他更有伤害力的器械。况且，能把厚厚的铁皮卷帘剪开，那一定是持有利器的。

汪勇目测了一下洞口，直径约莫只有四十多厘米，仅能勉强容纳一个瘦子通过。自己虽然个子不高，却不算清瘦，能不能从这个洞口钻进去，还不好说。

要不，先震慑一下试试？这么想着，汪勇就对着洞口冲屋里喊道："我们是派出所的，知道你在里面，出来吧！"

一连喊了好几声，都没有回音。

汪勇绕到店铺正门，用力推了推，门锁得很结实，连个缝儿都找不到。这时，辅警也跑过来报告，说和店主一直联系不上。

十月底的冬夜已经很冷了。尽管汪勇和同志们一直在忙碌，手脚依然冻得冰凉。总不能就这样傻守到天亮吧！

"我进去看看，你们注意观察外围情况。"说着，汪勇就脱掉棉袄，手脚并用爬上窗子，弯下腰，把头从这个狭小的洞口探了进去。

探头进去的瞬间，汪勇不由得闪过一个念头：如果屋里的贼这会儿拿个砖头或者铁棒什么的，冲自己脑袋敲一下，自己大概也就"交待"在这儿了。

群众利益无小事
把简单的事办好就不简单
把平凡的事办好就不平凡

但这个念头也仅仅只是一瞬间。因为这个洞对于汪勇来说实在是太小,他甚至觉得自己快要被卡住了,注意力也随之被拽了回来。他尽量缩着肩膀、吸着肚子,使劲把身子往里挤。只听"哧"的一声,警用毛衣被锯开的铁皮卷帘断茬儿挂烂了一大片。他顾不得许多,继续使劲钻,终于蹭了进去。

屋里一片漆黑。几乎在落地的同时,汪勇的手电光就投向了白布帘。汪勇盘算,只要能把里面人的眼睛照晕,他就看不清进来的到底是几个人,也就不敢轻举妄动。为了把这种气势营造得更加真实,他还大喝一声:"我是警察,双手抱头!转过去!都不许动!"

回答汪勇的,依然是寂静。

汪勇猫着腰,举着手电筒,警觉地竖着耳朵,一步一步、小心翼翼地往套间方向走。

他猛地一挑帘子,果然看见一个极瘦的男子身影正背对着自己,蹲在地上。

汪勇大步迈上前,那人忽然回过身来,重重地撞向汪勇。汪勇侧身闪过,下意识地一把抓住那人的胳膊。这时,他才惊觉,此人的个子竟整整高出了自己一头。那人正要挥拳过来,汪勇机警地用手电筒捅向他的腰部,厉声喝道:"不许动!再动我就开枪了!"

男子果真不敢动了。汪勇迅速摸出手铐,熟练地反剪那人的双手,手铐"啪"一下就准确地扣了上去。

随后，汪勇转身出来，从里侧打开了店铺正门。

两名辅警一拥而上，将那男子牢牢控制住。一搜，此人身上竟藏着一把半尺长的匕首！

第二天早晨，当手机店铺老板开门营业的时候，方才听说前一夜里自己店里竟发生了如此惊心动魄的事情。老板感激地跑到所里答谢汪勇，汪勇却说："要谢，你应该谢谢咱社区的小王，如果不是他及时发现店里进了贼，我就是再钻十次洞，也不一定能保住你的财产……"

> 公安机关是打击违法犯罪的中坚力量，刑警是打击犯罪的先锋队，社区民警更是为打击犯罪提供情报和线索的主力军。在新形势下社区民警如何才能为刑警提供破案线索，更好地为和谐社会的发展创造良好的治安环境，竭尽全力实现发案少、秩序好，发了案又能及时迅速地追回人民群众的财产损失，而且为刑警队民警在破案上减少破案成本，对我们新时期的社区民警来说是一项具有压力和挑战的课题。
>
> ——摘自汪勇的心得体会《浅谈在新形势下社区民警如何为刑警破案服务》

群众利益无小事
把简单的事办好就不简单
把平凡的事办好就不平凡

"小偷"变成"治安积极分子"

○穆蕾蕾

时代楷模——汪勇

2011年12月,市公安局开展了冬季行动。一天,辖区群众提供线索称,有个人近段时间夜里总在安装四处家属院内鬼鬼祟祟地转悠,很是可疑。当晚,汪勇带着女民警安慧和一个辅警去蹲点守候,结果等到凌晨两点多,也没见小偷出现。第二天在所里忙了一天,到晚上十点多,群众又打来报警电话称:小偷又来了!汪勇立即给本警组的老郭、老张和安慧打电话,又赶紧带上辅警到安装四处家属院。那几天西安预报有雪,夜晚空气中满是寒气,汪勇和辅警一说话,黑暗中就出现一团气息在风中飘动。一到安装四处家属院,汪勇就考虑到这寒气让两名身体不好的老同志和女同志难挨。按照报警群众提供的信息,他知道小偷在后面简易房,觉得自己从侧面过去,万一惊扰了小偷,逃跑时这里正好也有人拦截。于是汪勇对他们说:"外面太冷,你们就在门房里待着,我和辅警先过去看看,一旦发现就和你们联系。"两个老同志以及安慧都很感动,一再嘱咐汪勇要小心,有情况赶紧通知。汪勇和辅警过去,发现小偷在楼上也在等待时机,大家就缩在角落里耐心守候。熬到凌晨一点多,小偷才沿着放垃圾的高台往上爬。一个辅警悄悄回到门房叫人,另一个蹲守的辅警不知怎么碰翻了东西。小偷听到了响动,转身就从两米多高处跳下,汪勇不等他逃走,几个快步就扑了上去。等老郭、老张和安慧赶到时,嫌疑人已被汪勇压着胳膊死死按在地上。

将人带回派出所时,已是凌晨两点。汪勇让安慧先休息,他与老张、老郭继续审讯嫌疑人徐某,一直忙到第二天早上八点多,他又让老张、老郭赶紧回宿舍补觉,自己则和安慧去分局审批拘留材料。到了要走时,徐某开始苦苦哀求:"警官,求你不要关我,罚款行吗?真的求你了。"汪勇看着嫌疑人的表情,觉得他不像是在装,就说道:"你说实话,到底咋回事?"徐某这才道出原委:他从乡下到城里打工,最初骑摩托车带人赚小钱,因赚不到几个钱,就想着去偷。现在媳妇儿刚生了孩子,老母亲也七十多岁了,全家老小都在等他挣钱养活,要是被拘留了,一家人可能就被活活饿死了。

看着徐某已经泛红的眼圈,汪勇也被触动了。他觉得如果将徐某关进去,让他家人挨饿,这不仅不符合人性化执法,也会让自己良心受到谴责。于是,他向所领

时代楷模——汪勇

导请求后,就带着安慧和辅警赶到徐某家中看看情况。

这是西安市长安区郭杜镇的一处民房,从红色大铁门上的小门进去,沿着狭窄楼道走到三楼,才在角落处找到徐某租来的那间不到十平方米的小屋。门前生着一只蜂窝煤炉子,窗户旁边的凳子上放着厨具。大概是民房已经被盖得四面不通风,一推门就有一股难闻的气味翻卷过来。屋里没开灯,借着从窗户进来的光线可以看到右边挨墙放着一张双人床,左边放着一个破沙发。徐某妻子抱着孩子在床上躺着,门一响孩子就哭。徐某七十多岁的母亲一见他就从沙发上起来问道:"这几天你都干啥去了?也不见人,孩子都没奶粉吃了!"

徐某还没回答,汪勇就过去握住老人的手说道:"阿姨,我们是你儿子的朋友,带你儿子去挣钱了。你看,这是给阿姨买的水果。"说完,他叫安慧和辅警把事先买好的香蕉、苹果递了进来。

因为房间小,安慧和辅警都站在门外。几句寒暄后,屋子在沉默中开始变得又冷又静。很怕这奇异的冷静暴露出什么,让家人觉得伤心,而那十平方米不到的地方又挤满物品,根本没有四个人的栖身空间。汪勇就对老人说:"阿姨安心在家等着,你儿子还得跟我们去几天,等挣了大钱他就回来。"下楼时,汪勇觉得心情沉重,这家怎么这么可怜!

回到派出所,汪勇依照法律,还是将徐某关了起来,但却"仗义"地肩负起了照料他一家老小的责任。汪勇向徐某叮嘱道:"你不用担心家里,我先帮你照看着。被拘留的这段日子里,你要好好反省,以后出来了记着当老实人,做本分事。"这时,徐某声泪俱下地给汪勇跪下说:"哥,您对我的大恩大德我一辈子不忘!"

徐某被释放两周后的一天,汪勇对安慧说:"咱们去看看徐某家人吧,也不知道他找上工作没,孩子有没有奶粉吃。"于是,他们又买了一堆水果、两袋奶粉,开车跑了一趟郭杜镇。走到徐某家门口,锅里正冒着煮饭的热气,屋子也干净了,不像之前那么窒息。徐某的母亲站起来笑着说儿子不在。汪勇逗了逗孩子,问娃吃什么奶粉,徐某妻子边挂掉给徐某的电话边说:"啥奶粉都吃,买不起奶粉哪还敢嫌弃呢。"安慧便将买到的奶粉和水果放在了床边。

接到电话的徐某闻讯急忙赶了回来。见了汪勇就"汪哥"、"汪哥"地叫,显得格外亲切。这个从农村出来打工的小伙子,因为汪勇而变得不再自暴自弃。他在工地上找了份活儿,干得很卖力。一年后,有一次听说务工人员中有个逃犯,徐某就将线索悄悄告知汪勇,汪勇和同事便将逃犯一举缉拿归案。

群众利益无小事
把简单的事办好就不简单
把平凡的事办好就不平凡

时代楷模——汪勇

必须坚持亲民、爱民和为民的根本原则。人民群众是我们公安工作最深厚的土壤和力量源泉。常言说,警力有限,民力无穷。我们社区民警,工作在治安工作的第一线,和居民群众水乳交融地生活在一起,无论是从工作的职责,还是从化解矛盾纠纷来讲,都要把群众当作自己的亲人、自己的衣食父母来对待。事事为群众着想,处处维护群众的合法权益,只有这样才能赢得居民群众对社区警务工作的理解与支持,动员绝大多数群众自觉地投入到社区警务的各项工作中来。

——摘自汪勇的心得体会《做好社区警务工作的实践体会和感悟》

让刑侦大队长叹服的社区民警

○张倩　李超

群众利益无小事
把简单的事办好就不简单
把平凡的事办好就不平凡

2013年12月，西安市公安局新城分局刑侦大队副大队长黄静着实对一个案子有些头疼。

其实，单纯就这个案子的案情来说，并不算严重。就是一名初中生在放学路上被几个不认识的同龄"闲人"抢了。抢走的东西案值也不大，只是一个旧款手机，可因为牵扯到学生，这性质和社会影响就不一样了。这几天，黄静的耳边总回响着分局局长鲁鸣严肃的声音："务必在三日之内破案！"

可是，有一个最为关键的问题，受害学生并不认识，也从没见过抢自己的这几个同龄人，甚至因为当时过于紧张，连人数都说不清楚。而现场周边的监控视频，也由于当时天色较晚，画面非常模糊，无法辨认人员的相貌。唯一的线索就是受害者在现场听到有人叫其中一个人"小涛"。

时代楷模——汪勇

仅凭这一声"小涛",上哪里去找人呢?

黄静遍查了周边中学的学生资料,没有找到符合条件的人员。又试着打开人口信息数据库,可是,单凭一个"小涛",如何在海量的人口信息中对号入座?何况,这几个人都是未成年人,可能无照片资料,这就更难以确认了。倘若逐门逐户地去摸排调查,也不大妥当,毕竟牵扯的是未成年人,必须慎之又慎。

黄静想来想去,打算还是从社区民警着手找找线索。其实,黄静决定这样做的时候,并没有抱太大希望。想想看,仅凭一个似是而非的小名或绰号,对于西安市平均管辖着数万人口的社区民警来说,又有多少价值?

抱着试试看的心情,黄静来到了案发地所属的韩森寨派出所。一问,得知对应的社区民警是汪勇,不由得心头一喜。黄静早闻汪勇的大名,他的热心、他对辖区情况之清楚都声名在外。即使他也无法确定"小涛"是谁,但热心地帮助自己在社区暗中打听打听,肯定是没有问题的。

这么想着,黄静就试着问汪勇:"是不是有个叫'小涛'的人?你听说过吗?"

汪勇愣了一下,很快答道:"是一个大概十四五岁的男孩儿吗?"

这次轮到黄静愣了。尽管他此行的目的就是通过社区民警找线索,尽管他听说过汪勇对辖区的掌控力很强,可是，当这个小个子同事几乎不假思索地就报出"小涛"的大致年龄时，黄静还是掩不住内心的意外与惊喜，他连声回答："是的！是的！你知道他？"

紧接着，更让黄静吃惊的事情发生了。只见汪勇开始介绍，说这孩子是何时从何处搬到咸东社区租住的，住在几街几巷几门几号，他的父母靠什么谋生，爷爷奶奶是哪里的退休职工，家庭情况是什么，屋里住着几口人，甚至孩子的性格特点、搬家原因，这些细致到只有亲戚好友才知道的信息，居然都如同背诵过一样，源源不断地从汪勇的嘴里流淌出来。

黄静瞪大眼睛看汪勇，刑警所具有的对一切事物持怀疑态度的思维习惯，让他有些不相信汪勇所言，却又不由得在心里思忖：汪勇和这个"小涛"是什么关系？怎么连人家家里的事都搞得门儿清？

直到随着汪勇走进了一个老式家属院，上了楼，敲开了门，直到黄静一眼看到一个大约十四五岁的男孩子正坐在屋里，眼神里透着自己在办案生涯中十分熟悉的冷漠、叛逆和敌意，直到听见汪勇冲着那孩子喊了一声"小涛"，黄静才开始相信，汪勇竟言之不虚。

一问，男孩儿很快就承认了，抢同龄学生手机之事确是自己所为。原来，"小涛"果然不是韩森寨地区学校的学生，他此前在另外一个地区的中学读书，由于总是打架、不想学习，父母就想给他换个环境。最近正在往

群众利益无小事
把简单的事办好就不简单
把平凡的事办好就不平凡

时代楷模——汪勇

韩森寨这边办转学，因此，家也随同搬了过来。可他人还没进新学校，坏习惯又冒出来了，居然还计划找个好欺负的学生下手给自己在新环境"立威"，于是就拉上了几个之前认识的社会闲散青年，弄出了抢人手机这档子事儿。

案子在规定的时间破了。黄静的好奇心却愈发强烈：作为一个社区民警，汪勇能把"小涛"的情况掌握得如此细致，确实难得。更何况，这"小涛"还是刚刚搬迁到咸东社区不久！汪勇难道是个计算机，但凡有新住户入辖区，他这边就能自动弹出提示？

看着一脸不解的黄静，汪勇笑着说，其实很简单，只不过是自己一个多月前在这个小区走访时，听说这栋楼上搬来了一个新住户，于是便上去看了看，所以就了解了上述那些情况。而之所以能凭着"小涛"二字迅速定位，也是因为自己当天就知道小涛转学和搬家是由于性格叛逆、爱打架生事。如是而已。

答案揭晓了。黄静却久久不能平静。他想，汪勇对社区新住户"小涛"的及时了解，看似"偶然"，却离不开汪勇经常性的社区走访这个"必然"，更离不开他扎实细致的工作作风。否则，你就是知道了社区新来了一户，也未必会跑去敲门走访，更不会因为观察到男孩儿比较叛逆这个特点，就把情况摸得这么细、记得这么清！

想到这里，向来不喜欢夸人的黄静由衷地赞扬了一句:"你这汪勇,真可以呀!"

> 在新形势下社区民警如何为刑警破案服务呢?我认为,社区民警的管理关键还是人口的管理,人管住了,是减少发案的主要因素。在人口管理上,首先要管好重点人,严格对待重点人口的列管、撤管和审批工作,认真落实监督管理措施和帮教组织考察制度,确保重点人口不漏管、不失控、不重新犯罪。其次是要管理好辖区的流动人口,严格以房管人,以证管人,做到人来登记,走时注销。最后是服务管理好常住人口,工作中深入辖区单位、企业、院落、居民家中走访,了解社情民意,征求群众对公安工作的意见和建议的同时,发动群众,依靠群众,借力发力,群策群力,从而进一步密织打击和防范犯罪的网络。
>
> ——摘自汪勇的心得体会《浅谈在新形势下社区民警如何为刑警破案服务》

群众利益无小事 把简单的事办好就不简单 把平凡的事办好就不平凡

巧妙化解"维""汉"纠纷

○马涛

时代楷模——汪勇

2014年7月,为更好地摸排掌握各类涉稳信息,汪勇积极响应分局关于做大做强信息员队伍的号召,将社区的保洁员、送报员、停车收费员和水电维修员等二十二人发展为治安信息员,充实了"千里眼""顺风耳"队伍,社区里涉及稳定的情况实现了第一时间知晓、第一时间处置。

7月6日一大早,汪勇接到一个信息员的报告,称经二路早市有多名群众将一名维吾尔族男青年围住,双方情绪激动。得知情况后,汪勇迅速带领民警赶到了现场。

拨开围观的人群,汪勇看见一个维吾尔族青年,正情绪激动地叫喊:"今天,我就要占这个位子,明天我还要占这个位子,看你们谁敢动我!""小伙子,别那么激动,到底咋回事儿,有话慢慢说。"汪勇连忙上前劝道。通过维吾尔族青年和市场管理人员的讲述,汪勇弄清了事情的经过。

这个维吾尔族青年名叫穆太力普，新疆和田县人，以前一直在唐都医院附近摆摊卖檀香木挂件。这天一大早来到经二路早市，找了个没有人的地方支起了摊子。没过一会儿，几个市场管理人员告诉他，不能在这儿摆摊，这个摊位是市场其他商户的，叫他把摊子搬走。穆太力普根本不把市场管理人员的话当回事儿，说什么都要坚持在这儿摆摊。他的态度激起了市场管理人员和周围其他商户的不满，围观的群众也跟着起哄。穆太力普看到大家都针对他一个人，便放出了刚才的狠话。

群众利益无小事 把简单的事办好就不简单 把平凡的事办好就不平凡

穆太力普告诉汪勇，说这里的人都歧视少数民族。听到这话，汪勇对他说："你是维吾尔族人，是少数民族，你觉得你在这里是少数。我是土家族，也是少数民族，我在西安生活了十几年，从来没有觉得少数民族受欺负。"一句简单的话语，让穆太力普卸下了防备。接着，汪勇又对他说，"你今天第一次来这个市场，对一些情况不了解，占用了他人的摊位，不知者不为过，今天就允许你在这里摆摊经营一天。既然你现在已经知道了市场管理的规定，那么今后在这儿摆摊就要遵守市场统一管理，文明守法经营，绝不允许有过激行为。"说完，汪勇又当着穆太力普的面叫来市场负责人，让他们今天不要再赶这个维吾尔族小伙儿。同时他还对部分市场管理人员不讲大局、不讲民族团结的言行进行了批评教育。看到汪勇不偏不倚的公正处理，穆太力普伸出了大拇指，

立即挪走了摊位，围观的人群也慢慢散去了。

时代楷模——汪勇

> 公安调解具有过程的民主化、成本的最小化、效果的和谐化等特点，在维护社会公平正义、促进社会稳定和谐方面发挥着举足轻重的作用。我认为，调解绝不是简单的劝说，更不是一味地"和稀泥"。成功的调解法首先要找准纠纷的症结，然后用双方都能接受的语言开导化解。调解的语言非常重要，如果你说的话引起一方或双方的反感，那无异于火上浇油。最关键的还是要有耐心，必要时要采取"磨"的战术。
>
> ——摘自汪勇的心得体会《浅谈如何做好社区民警工作》

给维吾尔族青年买单

○穆蕾蕾

> 群众利益无小事
> 把简单的事办好就不简单
> 把平凡的事办好就不平凡

2015年元月的一天，汪勇在派出所带班。夜深人静时，他正在准备第二天去参加市里一个报告团的演讲材料，突然接到社区群众报警。一家牛肉夹馍店的老板打电话称：有个维吾尔族青年持刀在自己饭店里闹事。

汪勇一听，便叫值班民警王洪杰、杨增旗带上警务装备，又拿上执法记录仪，三人赶紧赶往现场。晚上九点多，刚下过雪的西安街头寒风凛冽，寒气很重。但汪勇仿佛感觉不到这些，他发现那家饭店门口已经围满了群众。豁开人群进去，只见老板和那个维吾尔族青年正在互相喊着什么。周围群众也生气地在喊："吃饭不给钱，扎啥势（陕西方言，意为显摆、逞能）！"

民警王洪杰走在最前面，他上前去问这名维吾尔族青年叫什么名字。个头儿快一米八、浓眉大眼的维吾尔族青年用汉语向穿警服的王洪杰喊着："你想干啥？别靠近我！"

因报警称该青年持刀闹事,虽没见刀,但走在最后的汪勇怕万一出现危险。出于保护战友的意识,他快步走向前喊道:"大家往后退,我来说!"随之把王洪杰挡在自己身后,接着对周围群众说,"别看热闹了,快回去,不了解情况在这里瞎起啥哄。"老板见汪勇一来,就像见到了救星:"汪所,你看这生意还咋做呢,他来回转悠要饭要酒,把店里顾客全吓跑了。"

汪勇问维吾尔族青年,青年一口维语。汪勇说:"你会说汉语吗?"维吾尔族青年用别扭的汉语说:"别和我说话!"汪勇掏出警官证:"你好,我是警察,警察有盘问的权力。请配合我们的工作接受盘查,请告诉我你的名字,并出示你的身份证。"

维吾尔族青年说:"我没名字和身份证,不要查我!"汪勇看他内心非常抵触,就换了个说法:"小伙子,我也是少数民族。《乌龙山剿匪记》知道吗?那就是我老家湘西。我是土家族人,你有什么要求可以提!"维吾尔族青年沉默了一会儿说:"我饿了,给我点儿吃的。"汪勇示意老板给他下碗牛肉面。老板不解地看汪勇:"汪所,不是一碗面的问题,三碗五碗都没问题,就是他一来,搞得许多人没结账就跑了,外面来吃饭的也不敢进来。"汪勇说:"啰唆啥呢,叫你下面就下面去,下个大碗,我来买单!"老板见汪勇发话,就一声不吭地吩咐厨师做饭。

汪勇在青年对面坐下,拿起水壶给青年倒了一杯水,

时代楷模——汪勇

·114·

问道:"你叫什么名字?"青年说了个名字,汪勇在随身携带的警务通上一查,没有该人的信息资料,就说,"你报假名字,查不到信息啊。"这时周围没退去的隔壁商户就趁机说道:"汪所,理这样的人干啥!"汪勇说:"这里就交给我汪勇,信任我的话就请回吧。"

汪勇在社区很有威信,那些群众一听,一多半的人也就散去了。牛肉面一上来,维吾尔族青年狼吞虎咽地吃了起来。汪勇又叫人给他倒了碗热面汤。食物的温热让维吾尔族青年的表情开始舒缓放松,汪勇推给他的热面汤更让他内心慢慢解冻。他开始向汪勇说明自己的情况。原来这个青年叫吐尔洪江,因盗窃被刑事拘留,今天刚被放出来,茫然的他不知去哪里,又冷又饿地过了一天,就想找点儿吃的,沿路看到这家店,口袋里又没钱,就佯装恶人想混碗饭吃。回派出所后,汪勇对青年的信息进行了核实比对,果然照片相同,就是名字差一个字,汪勇对这名青年说:"你连自己的名字都记不清!"这名维吾尔族青年说:"我就没有打算告诉你那么多,是你给我饭吃,替我说话,你是好人我才告诉你实情的!"

"你不是刚才还有一把刀吗?"汪勇问。维吾尔族青年从口袋里拿出一个孩子用来削铅笔的破旧小刀放在桌上,说自己在路上捡来的。汪勇把老板叫来:"你不是说持刀闹事吗?这么小的刀咋持?"老板笑了,汪勇对他说,"咱们五十六个民族是一家,这维吾尔族青年又冷又饿想吃饭,给他口饭吃,他就不至于铤而走险。"老板一

群众利益无小事
把简单的事办好就不简单
把平凡的事办好就不平凡

听汪勇说得在理,也就不再说什么了。

经过和吐尔洪江交谈,汪勇得知他一年前来到西安,一直在火车站一个卖羊肉串的朋友那里帮忙,居住在火车站附近,便帮吐尔洪江联系到他的朋友。临别时,吐尔洪江满脸感激。汪勇说:"感谢我就走正路,你也体会过失去自由的滋味,回去就要好好活!"汪勇还帮他拦了一辆出租车,并塞给他二十块钱。

吐尔洪江感激地挥手告别:"记住我的名字,我叫吐尔洪江,有事给我打电话,你是我的好朋友!"

汪勇也笑着向他挥手:"记住我是韩森寨派出所副所长汪勇,有什么困难来找我,你也是我的好朋友!"

> 社区民警实际上就是"灭火器"。为了社区的安定、和谐、平安,多年来我就像一辆不知疲倦的消防车,行驶在社区的角角落落,靠着我勤快的双腿、无尽的耐心、艺术的语言,使吵架的邻居握手言和,使反目的夫妻重归于好,使失和的父子尽享人伦……做社区工作,调解是必须掌握的技能,也是必须具备的一项素质。
>
> ——摘自汪勇的心得体会《浅谈如何做好社区民警工作》

> 群众利益无小事
> 把简单的事办好就不简单
> 把平凡的事办好就不平凡

欠条背后的法与情

○马涛

2012年10月的一天，咸东社区居民杜某因吸毒被汪勇带回了派出所。当得知自己要被行政拘留十五天时，杜某一下子跪到汪勇面前，哀求汪勇网开一面，不要拘留他。杜某对汪勇说，自己女儿正在念职高，每月的生活费得靠他在物流市场打工赚取。如果被拘留，工作肯定丢了，女儿的生活费就没着落了。

看着痛哭流涕的杜某，汪勇拨通了杜某女儿的电话。电话里，汪勇没有说她父亲吸毒的事，而是问了她在职业学校的生活情况。杜某的女儿告诉汪勇，她的家境不好，父亲每个月只给她五百元钱生活费，有时还不能按月及时给。她已经很久没有买过一件新衣服了，老是那么几件旧衣服倒着穿，在同学面前一直抬不起头。听了杜某女儿的话，汪勇对她说："你爸爸这一阵儿有事，要去外地，他把你的生活费放到我这里了，你有空儿来叔

叔这儿取。"

挂了电话，汪勇对杜某说："你吸毒干了违法的事，我今天必须依法处理你，这是为了你好，也是为了你的家庭。你女儿这两个月的生活费我先帮你垫付一千元，等你有钱了再还我。"看到汪勇拿自己的钱借给他用作女儿的生活费，杜某的眼泪下来了，表示坚决痛改前非，并给汪勇打了一张欠条。后来，所里同事问起这张欠条的事，汪勇说："执法的最终目的，是让人敬畏法律、遵守法律。我不指望他还钱，只希望这张欠条背后的法与情，能指引着杜某以后做好人，走正道！"

踏踏实实，我要吃朴素饭；
兢兢业业，我只思百姓暖；
勤勤恳恳，我只做为民事；
认认真真，我要按法律办。

——摘自汪勇的日记《感恩、知恩、报恩》（2014年9月14日）

群众利益无小事
把简单的事办好就不简单
把平凡的事办好就不平凡

吸毒兄弟的感动

○张倩

当看到敲门者是社区民警汪勇的时候，马老大和马老二都没有慌乱。

对于汪勇，这兄弟俩再熟悉不过了。因为有吸毒史，按照规定，他们必须每月主动向汪勇报告一次个人情况。这也是公安基层派出所对吸毒人员采取的一种矫正和帮助的方式。

但是最近一段时间，马家兄弟确实没有按时去派出所。原因很简单，就是俩人都复吸了。

因为拖延的时间也不算长，不过一个多礼拜而已，看到汪勇上门，马老大和弟弟马老二压根儿就没多想，以为他不过是顺路来催促催促，或者就是来看望老爷子的。毕竟，老爷子患有严重双膝骨关节病，站不起来踩不下去，只能卧床；老太太也因为青光眼，几乎看不见，家里挺困难的。这些情况汪勇都知道，他平日里也会过

来看一看，逢年过节还送点儿米面油。算是熟人了。

可是这一次，汪勇一点儿也没客气："定的规矩，你们为啥不按时来派出所？"

马老大和马老二仍然没当回事儿，眼珠子骨碌碌地转着，准备编个理由搪塞一下。汪勇却不容他俩开口就说："你们自己不来，今天就必须跟我去一趟所里！"

俩人这才感到不妙，却依然心怀侥幸：才拖了几天时间，汪勇不可能是来检查的……况且，家里的难处他最清楚，我们要是都"进"去了，老头儿老太太谁管？这个看上去蛮温和、处处心系困难群众的汪勇，不会这么狠吧……

直到两张尿检阳性的结果摆在面前，这种想法还满满占据着兄弟俩的大脑。可是，出乎意料的是，汪勇这次真的下硬茬儿了。

看着一直铁着面孔的汪勇，马老大感到自己都快哭了。他开始后悔了，后悔自己已经戒了这么久，为什么要复吸！他恨不得剁掉自己当初拿起毒品的那只手！他倒不怕进戒毒所，他是真的担心卧床的老爹和失明的老娘，就因为自己和弟弟吸毒，家里早就没有来往的亲朋了，老两口可怎么办呀？

马老大怀着最后一丝希望，充满期盼地看着汪勇。

汪勇却不为所动。

马老大落泪了。

其实，马老大忧心的事，汪勇又何尝不操心？

如何既能狠狠给他们一次教训，让他们学做遵法守法的公民，又能让两位患病老人得以照料呢？汪勇陷入沉思。是的，只有坚持"法不容情"与"人性执法"并行，才能使执法效果最大化，才能得到法律效果与社会效果的协调。这不也正是社区民警的根本责任吗？

汪勇很快理清了思路，对吸毒时间不长、毒瘾不大的马老大，根据他的具体戒毒态度，可在强戒一年后为其申请提前解除强戒，转为以社区康复为主。这样，老两口也有人照料了，还不会影响马老大的退休金。别看这一点儿退休金，要是没了，老马一家的天可就塌了。而且，经过这一波折，马老大也会老老实实听自己的话，不再惹是生非。

那么，在此之前对两位老人的照料，就由我汪勇先承担吧……

把马家兄弟送进戒毒所的第二天，汪勇就向所里请了假，早早就来到了马大爷家。他准备带马大爷到西京医院好好看一次病。汪勇没经验，没想到要借个轮椅，老爷子又走不了路，医院停车场离门诊还有些距离，个头儿只有一米六的汪勇，只好把马清江一路背到了门诊。

看病的人真多呀！汪勇安顿好老人，又是挂号又是排队，跑上跑下，从早晨七点折腾到上午十一点，才等

群众利益无小事
把简单的事办好就不简单
把平凡的事办好就不平凡

时代楷模——汪勇

到专家给看上病。接着又楼上楼下地检查、化验。趴在汪勇被汗水浸透的背上，八十多岁的马大爷，这个曾经在战场上摸爬滚打的老战士，不由得老泪纵横。

谁能理解马大爷心中的苦楚？想当年，马大爷是多么硬铮铮的一条汉子，他是战争炮火中闯过来的人，怕什么？可是，当他视若珍宝的两个儿子先后走上了吸毒这条不归路时，他悄悄地哭了。他懂得这条路是多么可怕，一身傲骨的他宁愿自己苦死也不肯承认他教子的失败和生活的苦难。

夜深人静的时候，只有马大爷自己知道泪打湿了多少枕巾。

马大爷怎么也没有想到，汪勇，这个看起来不起眼的小个子社区民警，亲手把自己的两个儿子送进了戒毒所，现在又这样像对待亲爹一样地背着他看病就诊。

然而，倔强的马大爷，只是悄悄地抹了抹眼角的泪水，什么也不肯说。

几天之后，汪勇带着马大爷又来到医院进行了第二次复查。这一次汪勇吸取了教训，事先向社区借了辆轮椅。依然是整整一天的奔波忙碌，下午回到家，汪勇看着马大爷肿胀的双腿和双脚，思绪纷飞。他仿佛看到了这一双现在已无法走路的老腿，当年是如何踏过祖国边界、穿过声声炮火，不由得想到了自己在邱少云部队时的种种时光。再看看如今马大爷的日子，汪勇鼻子一酸，

·122·

就倒了一盆热水，想要给马清江烫烫脚。

马大爷怎么也不愿意，可他拗不过更为倔强的汪勇。这个晚上，马清江第一次当着除了自己的第二个人的面流下了泪。

后来的一年里，汪勇时常去看望照顾马大爷，同时也一直操心着马老大在戒毒所的情况。当得知马老大表现很好，毒瘾也控制得不错时，他积极与戒毒所协调，为马老大申请提前解除强戒，转为在社区康复。又是一番来回往返的奔波。两个月之后，身在戒毒所的马老大得到通知，自己可以提前解除戒毒。当他满怀疑窦地走出戒毒所，看到前来接他的竟是将自己送进来的民警汪勇时，思维一时有些混乱。

直到他随着汪勇走进家门，看到一切井井有条、干干净净的小家，看到安然无恙，甚至比自己在家时气色还要好一些的老爹老娘，听到老父亲流着泪痛斥自己的不长良心和汪勇的百般好处时，已五十多岁的马老大当下就眼圈发红，膝盖一软，冲汪勇跪了下来……

后来，马老大成了汪勇的治安信息员，还先后帮助汪勇抓获了五名吸贩毒嫌疑人。

仍旧在强制戒毒之中的马老二，听闻此事后也仿佛换了个人，凡事积极表现，对戒毒充满信心。马老二说："我再不好好做人，就对不起汪警官。"

群众利益无小事
把简单的事办好就不简单
把平凡的事办好就不平凡

时代楷模——汪勇

勤于帮教管控，善于引导转化，做迷途人员的领路人。对吸毒人员、重点人口、不良少年以及其他治安高危人员，都要全面纳入工作视线，在全面熟悉工作对象情况的基础上，制定方案、因人施策，认真做好管控帮教工作。在做这些人的工作时，态度上要和风细雨，方法上要循序渐进；加强交流，密切感情；不带歧视，尊重人格；消除心理障碍，重塑健全人格；加强法治学教，增强是非观念；指明前途出路，鼓励自立自强，使他们迷途知返，重新步入正轨。

——摘自汪勇的心得体会《用"十勤"工作法争做一位优秀的社区民警》

李大个儿的眼泪

○ 张倩

> 群众利益无小事
> 把简单的事办好就不简单
> 把平凡的事办好就不平凡

虽然已近而立之年，李大个儿却是个急脾气，性子火暴不说，还爱争强斗勇，惹了不少麻烦。这天，李大个儿又惹事了。

这次的事儿可不算小。

其实，在一般人看来，这压根儿不算个事儿。无非就是在舞厅跳舞的时候，谁不小心把谁撞了一下。人多，难免嘛。有些人甚至连个道歉都不需要。可李大个儿不，李大个儿正好喝了酒，正气势满满呢，被人这么一撞，那还得了！李大个儿挥拳就抡了过去："叫你不长眼！"

对方也不好惹，立刻反扑上来，两人扭打到了一起。

等被人拉开，李大个儿脸上、手上、胳膊上已经挂了彩，对方更是趴在地上，半天都起不来。

案子是汪勇处理的。一做伤情鉴定，按照《治安管

理处罚法》的规定，李大个儿承担主要责任。

汪勇用训责的眼光瞥了一眼早已酒醒、垂头丧气的李大个儿，准备给他办理行政拘留手续。

李大个儿却忽然拉住了汪勇的胳膊，满面懊悔、哀求地说："汪警官，能晚关我两天吗？我媳妇儿快生了，家里没有人照顾她，连水都喝不上……求你了……"

汪勇愣了一下，停住了已落向行政拘留决定书的笔。

"咋回事儿？你说！"

"汪警官，我说的是真的！"李大个儿的目光更急切了，眼泪似乎也要出来了，"我家就在这附近住，不信你可以去看……等媳妇儿生了再关我，行吗？不然，万一她要是生了，家里连个人都没有，可咋办呢……我真糊涂呀……我知道错了……"

汪勇心里一动，放下了笔。

来到李大个儿的家，汪勇被眼前的一幕震惊了。这哪是什么家呀，根本不是一个正式的房子，而是挨着一栋楼自己搭建的小砖房，里面不通水，不通电，也不通气，不通暖。李大个儿不知从哪儿胡扯了几根线过来，勉强亮了盏灯。水管也是自己凑合接的，正是腊月，天冷，管子早就冻住了。家里喝水用水全凭到小区的物业办公室去一桶一桶地提。

屋里，一个女人挺着鼓鼓的大肚子独自坐在床边，她还不知道丈夫又惹了事。看见一个穿警服的走进来，女人有些不解，艰难地站起身，想上前询问。

汪勇一看，这肚子大的，果真是快要生了。他担心女人情绪激动，没敢说李大个儿违法的事，于是说自己是社区民警，来走访走访。

女人放松下来。汪勇便和她拉起了家常。一问才知道，原来，李大个儿夫妻俩与婆婆矛盾严重，当年一气之下，脾气火暴的李大个儿带着媳妇儿搬出了老娘的家，可他也没什么固定收入，往哪儿去呀。李大个儿眼睛一转，便自作聪明地搭了这间临时砖房。

但自此，老娘因赌气也基本和他俩断了来往。媳妇儿怀孕了，李大个儿竟没跟老娘提一个字。前面的日子还算好过，但冬天来了，屋里没暖气，水管也冻住了，真是有些难熬。按说，在媳妇儿怀孕期间，李大个儿确实收敛了不少，表现还算不错，只是憋得久了，终究是忍不住，这不，眼看着生产的日子一天天临近，胜利的曙光就要到来，李大个儿没忍住，就又跑出去撒欢了。这一撒欢，便惹了事。

离开李大个儿的家，汪勇就不停地在心里思量一个问题：李大个儿，如何处理呢？

既要依法惩罚他，还必须照顾好家里这可怜的大肚子女人。虽然行政拘留的时间不长，只有五天，但万一

群众利益无小事
把简单的事办好就不简单
把平凡的事办好就不平凡

时代楷模——汪勇

就在这五天里他媳妇儿就生了呢？这一大一小的生命安全，如何保障？还有，即使没生，在这五天里，临产孕妇的喝水吃饭又怎么解决？

汪勇想，无论是国家的《刑法》还是《治安管理处罚法》，对于违法犯罪行为的法律惩治都会有一个相应的幅度，这其实就是法律在钢铁制度后面的人性化、弹性化表现，就是要引导办案者避免一刀切，合法、合理、合情地处理，以实现法律惩治效果的最大化。

再看一看李大个儿，这件事确实是让他长了记性，况且，对方伤得并不算严重，如果采取从轻处罚的原则，也是完全合乎法律规定的。

李大个儿正担心媳妇儿和孩子，他抱着头沉默地蹲在地上，心里满是懊悔和自责。

"自己太不是个男人了！"

"这臭脾气以后坚决要改！"

这一自责，李大个儿就开始后悔起来：自己为什么要和生自己养自己的亲娘较劲，赌这口气呀！太不懂事了！

可是，后悔、自责、心如刀绞又有什么用呢？

此时此刻的李大个儿并不知道，汪勇正在加班加点地忙活着一件事，那就是按照特殊情况处理，为李大个儿办理延缓行政拘留的申请。

当申请被批准的时候,李大个儿简直不敢相信,自己居然马上就能回家,这简直就是救了自己一家三口的性命!看着依然一脸严肃的汪勇,听着他严厉的批评和诚心诚意的告诫,李大个儿的心里生出一股从未有过的暖意和感动。他原本想走上前握住汪勇的手,向他表达自己痛改前非的决心,但刚叫了一声"汪警官",腿却不由得一软,冲着汪勇就跪了下去。

汪勇急忙扶住李大个儿。李大个儿眼里一热,泪就滚了下来。第一滴眼泪滑到嘴边的时候,李大个儿还有些没反应过来,这是什么呀?他压根儿就没想到自己会流泪。

很久以后,李大个儿才悄悄地对媳妇儿承认,你知道吗?得知我不用被行政拘留,马上就能回家照顾你和孩子时,我都哭了……

在李大个儿从派出所返回家中的当天晚上,他媳妇儿就生产了。汪勇和李大个儿不约而同地在心中暗吃了一惊。

事情就是这么巧。

李大个儿说,是汪勇救了自己全家。

群众利益无小事
把简单的事办好就不简单
把平凡的事办好就不平凡

时代楷模——汪勇

　　要真心服务，在"爱"字上下功夫。公安民警吃的是人民的饭，穿的是人民的衣，拿的是人民的俸禄，人民群众是我们的衣食父母，全心全意为人民服务不仅是人民警察的最高宗旨，也是完成任务、做好本职工作的动力源泉。我们社区民警在实际工作中，只有把每一位居民都当成自己的亲人，把他们的事当作自己的事，真心实意为他们排忧解难，全力以赴帮助他们，认认真真做好为他们服务的工作，群众才能把你装在心里、记在心头，才能积极主动地响应和支持你的工作。

——摘自汪勇的心得体会《做好社区警务工作的实践体会和感悟》

第三章

小民警的大情怀

人是要有点儿精神的
没有比信念更坚定的力量
没有比群众更强大的支持

> 人是要有点儿精神的
> 没有比信念更坚定的力量
> 没有比群众更强大的支持

百姓利益无小事

○张倩　马涛

在汪勇眼里，只要关乎群众切身利益的事都不是小事，都得管好。

刚当社区民警不久，汪勇就遇到了一位辖区有名的上访户——吴大婶。吴大婶的丈夫生前系某建筑单位的工人，二十世纪七十年代，在一次施工事故中不幸身亡。事后，建筑单位将吴大婶招工顶了她丈夫的班，但没有支付赔偿金。当时为了方便办理招工手续，单位将吴大婶的年龄改小了十岁。由于年龄被改小，吴大婶退休后所拿的养老金也相应少了，因此便就丈夫死亡赔偿的问题，三番五次地上访告状，甚至一度告到北京，在国家信访局里"挂了名"。汪勇上门走访稳控，却被拒之门外。老人给汪勇撂下一句话："我上访的事跟你们公安局没关系，你们该管的不管，不该管的倒很积极。"汪勇一打听才知道，老人家里遇到的事远比他想象的要复杂得多。

时代楷模——汪勇

吴大婶的儿子薛某早些年同河南农村姑娘小魏同居，生下一女田田。2007年，薛某因贩毒被判了死缓。服刑前，薛某和小魏解除了事实婚姻关系，法院将田田的监护权和抚养义务判给了母亲小魏，小魏没有能力抚养，又将田田甩给了吴大婶。由于是非婚生，田田从小到大一直是"黑人黑户"，吴大婶跑了多次派出所，因提供不了有效的资料无法落户，心急如焚。

吴大婶想不通，儿子犯法了，该受法律惩罚。可孙女是无辜的，为什么要受牵连，连户口都进不了自家的门呢？

吴大婶越想越委屈，越想越窝火，但又不知道该找谁，就想到了社区民警汪勇。

"我给孙女报户口，为啥办不成？"吴大婶进门就把一直以来的委屈和火气撒向了汪勇。

汪勇连忙热情地招呼吴大婶坐下，让她慢慢说清情况。了解清楚后，汪勇心里明白，所里的户籍民警讲得一点儿也没错。他起身从书柜里抽出了一本厚书，呼啦啦地翻到户籍上报这一节，用手指着，一字一句地念给吴大婶听。吴大婶瞪着眼睛不说话，皱皱的脸上写满了无助和难过。

汪勇心里一阵恻然。按说，对这麻烦事自己完全可以用法律法规做挡箭牌。但老人的难处苦处，他特别能够体谅。他决心去帮帮这个家。田田的户口是个麻烦事儿。田田的监护权归母亲，户口得随母报，可小魏自己的生活都难以为继，想着自己以后长远的生活，所以不愿意让女儿的户口挂在自己名下。他开始在心里琢磨着解决的办法。他扶起老人，诚恳地说："婶子，你别急，我来想想办法！"

办法不是完全没有。但首先必须找到大量的人证物证，证明吴大婶、儿子和孙女的嫡亲关系，证明当时的特殊情况。眼下，孩子的爸爸被判死缓关押在监狱，父女的 DNA 鉴定自然是无法做的，因此人证就显得格外重要。那几周时间，汪勇来来回回地在社区、法院、医院和派出所之间奔波，一个个地找数年前的当事人，一个个地说服他们做证，又一字字地认真记录。腿跑断了、口说干了，终于整理好了厚厚一沓资料。接着，汪勇又给派出所、分局打书面报告，说清申报原因，提交能够证明的资料，几番周折，总算给孩子报上了户口。

日子不长，吴大婶又来了。

"小汪，婶子还有个事，你知道，我年轻的时候为了顶孩子他爸的班，把年龄改小了。可现在你看，这年龄一小，我退休金比实际年龄拿的要少多了。你知道我家的情况，就等着这钱呢……"

汪勇心里一紧，这事可太棘手了。老人如今都七十多岁了，招工改年龄那会儿才二十出头，而且当年那个建筑单位也不在西安，而是在五十公里开外的咸阳市呢！

四十多年过去了，当年的单位还在吗？当年的人还在吗？

汪勇刚想张嘴，老太太似乎看穿了他的心事，一着

人是要有点儿精神的
没有比信念更坚定的力量
没有比群众更强大的支持

时代楷模——汪勇

急,眼泪就下来了,居然口不择言地说道:"退休金要是领不了,我可咋活呀,难道要逼得我炸派出所吗……"

汪勇知道吴大婶说的是气话,可这话不能乱嚷嚷呀。他赶忙安抚老人:"婶子,你要是把派出所炸了,我也没了,咋给你帮忙呢?"

为了让吴大婶能够多拿点儿养老金,解决生活问题,汪勇又决定帮她解决这个本可以不管的事。

汪勇了解到,吴大婶是数十年前从咸阳到西安的,回来后就一直在黄雁村附近的一个厂子工作。汪勇抱着一线希望,搭乘公共汽车晃了数十站,找到了这个小厂。但他很快就心凉了。老人自从改小了年龄,四十多年来一直用的是改后的年龄。翻遍所有的档案,汪勇都没发现一点儿能说明吴大婶年龄错误的蛛丝马迹,甚至连他自己都开始怀疑吴大婶讲的是不是真话。

看来,只能跑咸阳了。

这两趟咸阳跑得呀!原来的单位在咸阳郊区的一个旮旯拐角,几十年过去,市容市貌变化特别大,老太太压根儿就认不得路了。时值盛夏,警车的空调也不太灵光,汪勇又急又热,脸上身上直冒汗,衣服全被溻了。折腾大半天,终于找到了那个单位,却已经倒闭了。好不容易联系上相关负责人,又一本本地翻查早已落满灰尘的当年的花名册,一个一个地找到了能做证的人,然而,只有极个别的电话能打通。能找到一个人都算是个好开头!汪勇连夜开车找上门，采集了证言证词，又连夜载着吴大婶回了西安。

第二趟去咸阳，汪勇没有再叫吴大婶。路远、天热，吴大婶年岁大了折腾不起。反正路也认识了，就自己跑吧。这一天，汪勇出发得特别早，他装着一件心事，想绕点儿路，去渭南监狱看看老人正服刑的儿子。

汪勇想，如果能把母亲的牵挂带给儿子，再把儿子的改造情况传递给母亲，对双方的情绪都会是一个大大的安抚。说不定小伙子在监狱表现得好，再立个功，还能由死缓改判成无期。如果是这样，老人的心里就有盼头了。对孩子，也是个好事。

果然不出汪勇所料。当得知自己的老娘这些年来为当年自己的冲动吃了如此多的苦头，得知老娘一把屎一把尿地已经把女儿拉扯大，得知孩子已经上了西安户口，再看到汪勇专程拍在手机里的女儿的照片时，这个被剃了光头、穿着囚服、早已对未来死了心的男人，呜呜地捂着脸哭了。

哭完，他抬起头，一字一顿地对汪勇说："政府，我谢谢你！请你转告我妈，我一定会好好改造……我要活着……你跟我妈说我都好着呢，说我知道自己错了，让她别担心……"

从渭南返回的第二天，汪勇就带着自己采集好的证据来到了吴大婶家。

吴大婶怎么也没想到，汪勇居然带来了儿子的消息。虽然她早就硬了心，劝告自己不要再想这个不争气的儿子，

人是要有点儿精神的
没有比信念更坚定的力量
没有比群众更强大的支持

但那思念的心,又如何能压制得住呢?吴大婶听着,哭着,骂着:"你这个冤家,你害得妈好苦呀……妈想你呀……"

吴大婶拉着汪勇的手,紧紧地握着,流着泪,哽咽了半天,刚说了一句"婶子谢谢你……",竟又哭得讲不出话了。

从这天起,吴大婶的精神果然好了一些,脸上也有了一点儿精气神了。对生活,她似乎也重新燃起了希望。

汪勇一连几个月跑到吴大婶的原单位和黄雁村的厂子查档案、翻材料、给上级部门打报告,最终帮助吴大婶改回了真实年龄。

为了表达对汪勇的感激之情,吴大婶特地做了一面大大的锦旗送到派出所。老上访户自此带着孙女重新唤起了生活的信心。

> 我的工作在社区,每个社区居民都是我的亲人,只有血浓于水地和他们融汇在一起,我们的工作才会得到他们的支持。
>
> 群众利益无小事,把简单的事办好就不简单,把平凡的事办好就不平凡。
>
> ——摘自汪勇的日记《谈服务》
> (2010年11月9日)

时代楷模——汪勇

李原眼中的汪哥

○彭皓

> 人是要有点儿精神的
> 没有比信念更坚定的力量
> 没有比群众更强大的支持

李原是西安市纬什街综合市场的一名商户,干的是冷饮批发,最关心的就是自己小店的生意。

2008年4月,李原的冷饮批发部开业不久的一天,店里来了一位警察,自我介绍是管片民警,名叫汪勇。李原客套道:"汪警官,我刚来这里开店,请您多关照!"表面上热情地把汪勇往店里让,但在和汪勇说话的一会儿工夫,电话接个不停,不断地给客户回复着什么,好不容易静下来才听到汪勇在和他讲什么。

汪勇对李原说:"小李,你看这木质结构的屋顶缠绕电线是很危险的,是不是用PVC管子将这些电线都套起来比较好?还有你这泡沫灭火器,扑灭电器引发的火灾效果不好,得配一个干粉灭火器,那样更保险。"李原不得不佩服汪勇的眼睛毒。他的这个冷饮批发部的冷库和冰柜,都是些五千瓦、八千瓦的"电老虎",对电线质量

时代楷模——汪勇

要求高,对电线的规范安装要求更高。生意越好,用电量越大,夏天冰柜频繁启动,电线都是滚烫的。因电线不好、安装不好而造成的火灾教训真是太多了。尽管李原心里知道汪勇说的都对,但为了节省成本,他还是抱着一丝侥幸心理,想要蒙混过关,认为开店不容易,自己小心些就成了;同时心想汪勇只是走走形式,做做样子——来过了,问过了,也提了要求,就可以了。

但是,汪勇还是不间断地来,给商户们普及防火知识、火灾教训,并督促李原尽快改线路,购买灭火器。李原心里犯嘀咕:这警察怎么老是揪住我不放呢?难道……

于是,李原给汪勇准备了一点儿见面礼——两箱名牌冰激凌。结果汪勇一见成箱地给他拿冰激凌,立刻就沉下脸说:"你这什么意思?!"看李原很尴尬,汪勇又说,"我家没有电冰箱。"他坚决拒绝了。一打听,周围有安全问题的商户都和李原一样,经历过汪勇犹如电影《大话西游》中唐僧般的絮叨。商户们都说,这个新来的汪警官真是个爱念经的"汪长老"。六月的天,骄阳似火。当市场商户们看到汪勇一趟一趟地跑来给大家做工作,看到他额头上的汗珠和被汗水浸透的警服,大家都"皈依"了他的"安全经",按照汪勇的要求改装了电线,新增了灭火器,并签订了安全责任书。

汪勇不光像唐僧般念叨安全,还像少林武僧般注重训练。2011年11月的一天,汪勇组织辖区商户进行了一场消防演练。七十多位商户代表懒懒散散地来到现场,嘴里说什么的都有:"你说,这不是耽误生意嘛,我在这儿都开店十年了,连个火星都没见过,演练,演练,有啥用嘛!""就是,这当警察的一天闲得没事干!就知道折腾大家。"汪勇就像是没听见一样,手里提着灭火器,一边做着示范,一边嘴里不停地向大家大声说:"先拔掉保险栓,把喷口对准火苗根部喷射,这样才管用。"然后他让每一位商户代表都试一试。于是,许多人学会了使用灭火器。结果,他们很快就用这本事保卫自己的财产了。

2012年6月的一个傍晚,"着火了!着火了!"听到撕心裂肺的喊声,李原急忙跑出去。只见与市场一墙之隔的一座三层高的活动板房着火了,火光冲天,浓烟滚滚。泡沫塑料板建造的板房,一旦烧起来就像一个大火把,等到火势大作有人呼救时,就已经难以扑救了。李原直接打了汪勇的手机,事后才知道,原来这个院子并不属于汪勇的管辖范围。而当时,无情的大火正向市场这边蔓延,已经将隔壁老宋车间的房顶烧着了。老宋是干机械加工的,车间里堆放着易燃易爆的各种气瓶、油桶。工人们一见起火了,扭头就跑。老宋急得直跺脚,不停地喊:"李原!李原!快过来帮忙!"大家害怕会发生爆炸,都站着没敢动。围观的人群有人喊:"快报警啊!""拿灭火器啊!""找水管啊!"大家乱作一团。

就在这时,汪勇飞快地蹬着自行车直奔火场而来。他

> 人是要有点儿精神的
> 没有比信念更坚定的力量
> 没有比群众更强大的支持

时代楷模——汪勇

把车子朝地上一扔,第一个冲进老宋的店里,一边跑还一边喊"快过来帮忙",人们这才反应过来,连忙跟在他身后,汪勇带头抢救出了四个氧气瓶和两个乙炔气瓶。见有人组织和带头,周围的人群也找来了绳子、水桶和扶梯。汪勇带上绳子顺着扶梯爬上房顶救火,在升腾的浓烟和烈焰前,将一桶桶的水吊上房顶,浇向大火;接过一个又一个灭火器,喷向大火,控制了大火向市场蔓延的速度。李原后来说:"那时我才发现,当时我们准备的灭火器是多么弱小,一个又一个灭火器递到汪勇手里,就像玩具……"

"小心,墙要塌了!"混乱之中,突然听到汪勇对下面的人群大喊,大家本能地跑开了。轰的一声,身后的一面墙因为火烧和灭火时被水泡过而轰然倒塌。回想起当时的情景,在场的人至今都心有余悸!如果稍晚一步,后果不堪设想。

大火很快被扑灭了。如果没有汪勇及时组织、奋力扑救,控制了火势的蔓延,这场突如其来的火灾,不知会让多少家商户多年的心血化为泡影。老宋看着他那价值一百多万元的完好无损的车床,哭着握住汪勇的手连连道谢:"汪警官,没有你,我就倾家荡产了。"

商户们也都为汪勇的奋不顾身所感动,为自己曾经的自私和肤浅而惭愧。此刻再回想汪勇"唠叨"的"安全经",真是"字字珠玑";再回想他强力推行的消防演练,真是菩萨心肠!

但最让李原一辈子感念汪勇的,莫过于他儿子的平安降生。2012年10月24日,是李原全家永远难忘的一个日子。当天夜里,李原怀孕的妻子突然有了早产的迹象。她疼得捂着肚子在床上大声喊叫,一家人急得满头大汗,赶紧用被子把她一裹送到了医院。但是,由于李原一直是在老家临潼做产前检查,在西安的医院没有提前预约,接连跑了好几家,医院都不敢收他的妻子。凌晨两点,在寂静的医院大厅里,李原心急如焚地跑上跑下。望着满脸汗水、强忍疼痛、脸色苍白的妻子,他着急得哭出了声。

人是要有点儿精神的
没有比信念更坚定的力量
没有比群众更强大的支持

苦求无门之时,李原突然想到汪勇给他的警民联系卡,心里不禁多出了一丝希望。可是,这三更半夜的,打电话合适吗?尽管心里不断地纠结着,但为了不让可怜的妻子再受煎熬,他还是下了决心,"不管了,怎么也得试试呀!"电话只响了两声就接通了。"喂,汪警官,我媳妇儿早产,医院不收,我是实在没办法了啊!"发颤的声音中带着哭腔。"不急,慢慢说……"让李原没想到的是,汪勇了解了情况后,便一口应了下来,为他们联系医院领导。因为有汪勇出面,等于由他承担了责任,医院终于接纳了李原的爱人。凌晨三点四十五分,一个七斤八两的男孩儿健康地出生了,母子平安。看着宝宝那张皱皱的小脸,李原的眼里充满了感激和泪水。从那一刻起,他就认定,这个孩子的亲人不仅有自己和孩子的母亲,还有一位人民警察——汪勇!

时代楷模——汪勇

一位人民警察,国家和法律赋予了他很强的社会能力,用这种能力,可以办很多的事情。汪勇,用这种能力,救了与他萍水相逢的外来人的两条人命;用这种能力,挽救了与他非亲非故的众多群众的生命财产。可是,却没有用这种能力,给他做服务员的妻子找个轻闲又挣钱多的工作;没有用这种能力,为他上中学的儿子换一所条件更好的学校。李原说:"对于这样为民办事的好警察,咸东社区的群众是一万个拥护!"

现在,李原见到汪勇后都亲切地称他为"汪哥"。"汪哥",这个称呼不只是对汪勇工作的认可,更是对汪勇无私为辖区群众服务的最高赞誉。

> 做好社区工作的方法千变万化,多种多样,但万变不离其宗,中心的内容就是密切警民关系,通过各种手段努力提高人民群众的安全感和满意度,营造一种气氛——以正压邪,扶残助弱,保证人民群众安居乐业。
>
> ——摘自汪勇的心得体会《浅谈如何做好社区民警工作》

饺子背后的冷暖情长

○ 彭皓

人是要有点儿精神的
没有比信念更坚定的力量
没有比群众更强大的支持

2011年冬季的一天，汪勇正在社区警务室忙活，一个中年男子推开了门："汪哥，快吃饺子，再不吃就黏了……"俩人简单收拾了一下办公桌，就开始吃饺子了。

这个送饺子的男子叫田军（化名），四十三岁，现在是一个驾校的教练员，带学员考完试后，看看时间已经过了十二点，想着在警务室的汪勇肯定还没吃饭，就急忙买了饺子，到警务室与汪勇一起吃。原来，汪勇和田军之间还有一段充满亲情的故事。

田军原本是汪勇辖区的吸毒人员，后来成了汪勇的监管对象，三年前被汪勇送到戒毒所强制戒毒。可仅仅过了两天，他又起草了提前解除强制隔离戒毒的报告，按程序审批后，把田军放了回来。

汪勇说强戒没错，因为田军多次吸毒。田军既然吸毒，又为啥迫不及待地要放他？

时代楷模——汪勇

那是因为汪勇考虑到了这家人的难处。送田军强制戒毒的时候，他媳妇儿挺着大肚子，快要生了，和婆婆住在一起。她们住的地方，是没有暖气的老房子，冬天里，水管冻住了，用水得到别处去提。她们的生活主要依靠田军，他这一被送进戒毒所，可让这对婆媳犯了难。两个女人对田军吸毒也是深恶痛绝，她们表示，如果放田军回来，她们一定配合民警管好田军。

汪勇就起草了那份报告，把田军从戒毒所"捞"了出来。自打田军回家之后，汪勇即使哪天没去他家，也一定会打电话，向他媳妇儿、老娘打听他的情况；田军怕再被送进去，也老老实实按汪勇的要求，一周给他来一次电话，讲清自己的活动情况，他的话汪勇还会通过社区里的治安积极分子进行核实。汪勇辖区内正好有家戒毒康复医院，在每月例行见面时，汪勇就一定带田军去做尿检。

田军的孩子长到两岁未报户口，汪勇按政策给他孩子落了户。田军会开车，可别人信不过他，不好找工作，又是汪勇出面担保，让他在一家卖汽车轮胎的店铺找了份拉轮胎的活儿。过了一段时间，这份工作黄了，汪勇又推荐他去西安一家驾校当了教练。如今，好几年过去了，田军不仅没再复吸，还主动成了汪勇的治安信息员。

勤于访贫问苦，善于帮危济困，做弱势群体的贴心人。关心扶助弱势群体最能反映公安机关与人民群众的血肉联系。作为与群众朝夕相处的社区民警，要将辖区弱势群体时刻放在心上，平常见面说句暖心话，大庆大节送点儿温暖。积极向有关部门反映群众的困难，争取政府救助救济，在自己和公安机关力所能及的情况下，解决群众的困难。同时，要热心协助相关部门搞好再就业工程和献爱心工程，鼓励困难群众自力更生、创业脱困。

——摘自汪勇的心得体会《用"十勤"工作法争做一位优秀的社区民警》

人是要有点儿精神的
没有比信念更坚定的力量
没有比群众更强大的支持

像儿子一样亲的好民警

○褚明

时代楷模——汪勇

咸东社区安装四处北院原居委会主任徐宝，2015年已是八十岁高龄了。见我们采访汪勇的事迹，老太太一口气说了很多的事，她还告诉我们："要是让我讲汪勇的事儿，三天三夜都说不完。"

到了老人家这个年纪，最在意的是什么呢？儿女孝顺不孝顺，社会关心不关心，自己孤独不孤独。2014年4月25日，徐老太太一个人在家，午觉后刚一起床，突然头发晕，心发慌，感觉天地都在旋转。她赶紧摸过手机，急忙拨通了汪勇和她儿子的电话，说感觉不好，需要他们来。正在社区警务室的汪勇立马就赶了过来。徐宝颤颤巍巍地为汪勇开了门，当时就眼前一黑，脚下不稳，差点儿摔倒。汪勇一把扶住她，二话没说就背着下了楼，出院子门，拦出租车，赶到医院，挂上点滴……

自己有了病痛，叫儿子是应当的，为什么还要叫汪勇呢？

原来，2007年汪勇刚到咸东社区时，第一个敲开的就是徐老太太家的门。进门就给她端端正正地敬了个礼说："徐阿姨，您好，我叫汪勇，是刚从部队转业到咱们派出所的新片警。听说您是咱居委会的老主任，您人头熟，我以后在咱这儿工作免不了还要麻烦您。"说着便给了她一张警民联系卡，"这是我的联系电话，有事儿您就给我打个电话。"当时，徐宝看着手里的警民联系卡，心想：有事儿就给你打电话，你能耐得住烦吗？

几年过去了，无数事实证明：他能耐得住烦。当群众发现违法犯罪行为时叫他，他来了；当饭馆的油锅爆燃时叫他，他来了。谁家有人生病了，谁家煤气灶坏了，甚至谁家的狗丢了，叫不叫他，都会帮忙。夏天他会给困难老人送绿豆、送白糖，冬天送蜂窝煤，还主动帮他们办低保，定时到家里看望，添置生活用品，用轮椅推着老人到院子里晒太阳。对于孤寡老人他总是像对待自己的亲人一样。汪勇常说："生活中谁家没个难处，相互帮助是应该的。我家里也有老人，知道那种身边没儿女伺候的苦。"因此，徐宝的手机里存储了汪勇的电话，早就打定主意，有急事，除了找儿子，就是找汪勇。儿子上班的地方离着十几站，汪勇的警务室离她只有一站路。所以，这次她给儿子打了电话后，又给汪勇打了电话。人到了危难时刻，最先想到的都是最能靠得

人是要有点儿精神的
没有比信念更坚定的力量
没有比群众更强大的支持

时代楷模——汪勇

住的人。

徐老太太的眩晕查不出原因，医生让她做核磁共振检查，她却没带医保本。汪勇安顿好老人后，便匆匆赶回她家去取医保本。那天雨很大，等他全身淋得湿透拿着医保本赶回医院时，医生又说还需要医保卡。于是汪勇又跑了一趟拿来了医保卡，终于让老人做了核磁共振检查。那一幕，老人至今忘不了。警服已经被淋得贴在了汪勇身上，脚上的鞋子沾满了泥水，整个裤管已经湿了一大片。这时，徐宝的儿子才赶到，可汪勇早已经把一切都安排好了。

在徐老太太住院期间，汪勇得空儿就来看望。他知道徐阿姨是上海人，不爱吃馍、不吃辣，就时常带些老人爱吃的甜口米食。看着他为自己的病跑来跑去，老人就拉住他问："小汪，你对我这么好，究竟是为啥？"汪勇拍着徐老太太的手说："徐阿姨，我就是觉得您人好，如果您不嫌弃的话，我就当您的儿子吧！"这句话一下子说进了老人的心里，眼泪唰地一下就流了出来。老人对我们说："虽然他不是我的儿子，但是像亲儿子一样孝顺。这样的社区民警，他已经是我的儿子了。"

徐老太太的儿子在外打工，白天经常不在家，她总是觉得闷得慌。2011年年底，汪勇到她家走访时，从口袋里掏出了一张小卡片说："徐阿姨，我给您订了一份报纸。每天读读报，一来能了解国家大事，二来还可以解解闷。"如今，汪勇已为这个家属院里五位像徐老太太一样的老人订了报。老人们由此消除了孤独，感觉到了来自社会的关怀与温暖。

徐老太太还说，安装四处家属院建得早，没有什么防盗设施，院子里面住的人杂，曾经一天晚上多家被盗。第二天一大早，汪勇就来到家属院，到被盗的几家看情况。下午，他就领着几个同事，来给一二楼的住户挨家挨户地装报警器。他说这个东西很管用，半夜只要小偷一开窗户，就能发出警报声。汪勇连一口热水都没顾上喝，脸和手冻得通红，一口气装了几十家。多少个三更半夜，大家都能看到汪勇那熟悉的身影，他总是拿着手电在院子里面转。

一路采访，一路感动。汪勇到社区工作九年以来，就这样时时处处想着老百姓，赢得了辖区居民的一致赞誉。徐老太太最后动情地说："汪勇考虑群众的事总是很多，考虑自己的事却总是很少。他这样全心全意地为咸东社区群众服务，叫我们怎么能不支持他、拥护他呢？"

"阿姨，那您用一句话总结一下汪勇吧。"采访结束时，我们最后说了一句。

沉默片刻，老人家洪亮地回答："千言万语汇成一句话，感谢党，感谢组织，给我们派来了一个像儿子一样亲的好民警！"

人是要有点儿精神的
没有比信念更坚定的力量
没有比群众更强大的支持

> 作为一名基层民警,不要寻求群众对自己的赞誉,也不要想能干出多大的事业,就是要立足本职工作,认真工作,用心办事,让老百姓的口碑成为评判我的工作的唯一标准。
>
> ——摘自汪勇的日记《从警感悟》
> (2007年2月10日)

时代楷模——汪勇

"妈妈"的烦恼

○ 彭皓

> 人是要有点儿精神的
> 没有比信念更坚定的力量
> 没有比群众更强大的支持

当汪勇的名字不断地在新闻媒体上出现后,很多辖区以外的群众也会找到汪勇寻求帮助。和咸东社区的居民一样,在他们眼中,汪勇也是他们最信任的人。

2013年夏季的一天,汪勇正在社区工作时,接到了一个电话,电话里传来一个陌生女人的哭诉声:"汪警官,你可一定要帮帮我啊,我叫刘菊芹,现住长安区。村子里的人欺负我这个老太太,又断水又断电,我都不知道咋办,看到报纸上介绍你,就想找你帮个忙。"听到这里汪勇明白了,他回复道:"阿姨,您先别着急,公安工作是有属地原则的,您住的地方并不是我的辖区,我帮您联系长安分局处理这件事,您在家里安心等待一会儿。"说完,汪勇将老太太的情况和电话及时汇报给了110指挥中心,由兄弟单位妥善解决了这起纠纷。

这件事过去没几天,汪勇又接到了老太太打来的电

话:"小汪啊,我是刘阿姨啊,上次多亏了你啊。你人这么热心,阿姨还有一件事想麻烦你,这事也是阿姨的心病啊!"

汪勇一听就说:"阿姨,您说吧,有什么困难就直接告诉我。"

"我儿子叫陈强(化名),在西安一直没有稳定工作。最近一段时间,每天都见不到人,他偶尔回家也只是要钱,问他做什么,他也不说。阿姨很担心,你能不能帮我问问?"

"可以啊,阿姨。您把他的电话给我,我和他好好聊聊。"

汪勇虽然按照刘阿姨提供的电话和陈强联系上了,但是因为实在太忙了,一直抽不出时间,见面的事情不得不一推再推。2013年9月,汪勇在参加市局组织的先进事迹报告团时,专门挤出一点儿时间,在报告团驻地的东方宾馆见了陈强一面。

见面当天,陈强提着水果来找汪勇。汪勇将他请进房间后说:"陈哥,我是小汪,刘阿姨向我说起你好久了,一直想认识你,今天咱兄弟俩好好聊聊。"汪勇的开场白,拉近了两人之间的距离,陈强也逐渐打开了话匣子。

在聊天过程中,职业的敏锐性让汪勇从陈强的言谈举止中发现了一丝异样,他说:"哥,今天咱们见面,只谈感情,不谈别的,你也别当我是警察,我就是你兄弟。

兄弟想问你一句话，你吸毒不？"陈强一愣，支支吾吾回答道："以前吸，现在已经戒了。"

"不，哥，你还是没把我当兄弟，你在撒谎。"汪勇顿了顿，又继续说，"刘姨为了你的事已经操碎了心，她专门给我打电话让我和你多聊聊，看有什么能帮助你的。前几天，她还独自一人坐车到这里找我，和我说起你的事，我们从下午一直聊到晚上。送她出门的时候，我不放心她一个人回去，专门给她拦了辆出租车。看着车驶远了，说实话，当时我心里真难受。她今年已经七十四岁了，还在为你操劳，你就不知道心疼心疼自己的老娘吗？"一听这话，陈强的眼眶湿润了，张开嘴却不知道该说些什么。就这样，汪勇和他一直谈到了深夜，陈强也多次在汪勇面前流下悔恨的泪水。

通过这次交谈，汪勇看到陈强确有悔改之意，又得知他会开车，便自己给他做担保，为陈强在辖区的一家企业找了份开车的工作，让他自食其力。汪勇还不定期地主动上门，找陈强了解情况。在汪勇的帮助下，陈强现在不但工作努力，还主动担任了汪勇的治安信息员。

看到儿子的转变，刘阿姨高兴得合不拢嘴，打电话给汪勇："小汪，你可是帮了阿姨大忙啊，阿姨真高兴！我看了电视报道后才知道，你家里条件原来这么艰苦啊。你如果不嫌弃的话，就当我的干儿子吧，我在西安还有一套房，将来就留给你了。"汪勇听后笑着说："刘姨，

人是要有点儿精神的
没有比信念更坚定的力量
没有比群众更强大的支持

我当您干儿子可以，房子就算了吧。您有什么困难就给我打电话。"

汪勇就这样多了一个"干妈"。"干妈"刘菊芹经常会给汪勇打来电话，叮嘱他一定要多注意休息，把自己的身体照顾好。这份关心一直延续到今天。

时代楷模——汪勇

> 无论分内还是分外，决不能推脱、拖拉、延误，要当成自己的事挂在心上。凡是能当面办的，不能推到事后；能上午办的，不能推到下午；能今天办的，不能推到明天。要早办、快办、尽量办、及时办！办一件就能温暖一次人心，拉近一段距离，增加一份信任，增添一份感情。
>
> ——摘自汪勇的心得体会《浅谈如何做好社区民警工作》

> 人是要有点儿精神的
> 没有比信念更坚定的力量
> 没有比群众更强大的支持

一台旧电扇

○马涛

2010年盛夏的一天下午,汪勇来到咸东社区红旗电机厂家属院杨玉凤老人家中入户走访。刚一进屋,汪勇顿时觉得自己仿佛进了烤箱。看见杨玉凤老人和女儿周淑芳摇着蒲扇扇凉,汪勇就问:"这么热的天,咋不开电扇呢?""电扇坏了,不转了。"

杨玉凤母女住的是一间不到三十平方米的房屋,房子西晒,通风又不好,加上电扇在这个节骨眼儿上又坏了,屋里的温度比室外还高。汪勇放下笔记本,摆弄起电扇的插销和开关,一连试了好几次,可扇叶还是纹丝不动。"汪警官,别弄了,快坐下来喝点儿水。"看着汪勇忙得满头大汗,杨玉凤招呼着他歇歇。"家里这么热,没个电扇咋行?我找人修修。"说着,汪勇提起电扇就往门外走,杨玉凤老人赶忙起身。"别忙活了,坏了就坏了吧……"没等杨玉凤说完,汪勇已经出了门。

时代楷模——汪勇

汪勇提着电扇来到一家电器维修部,维修师傅检查了一下说,这台电扇型号太老了,好多配件市面上都找不到了,要修好起码得两三天。汪勇一听,心想:这么热的天,自己待一会儿都受不了,还要等两三天,这老人家咋熬得住?一台新的电扇也就是百十块钱的事情,买了送过去马上就能用。

走到商场门口,汪勇对该不该买这台电扇又有些犹豫。对于杨玉凤老人,汪勇太熟悉了。老人家是红旗电机厂的低保户,老伴去世,女儿双目失明。老人家年事已高,身体也不好,照顾自己都成问题,更别说还要伺候一个残疾女儿。汪勇当了咸东社区民警后,每个月都坚持去她家走访,一来帮老人干点儿家务活儿,二来看看她们母女生活上还有啥困难。2010年5月,老人家不慎摔倒,胯骨骨折,那段时间,汪勇一有空儿就往老人家里跑,忙前忙后地伺候着。左邻右舍也同情这对母女,时不时地过去帮帮忙。可老人性格要强,遇到了麻烦事儿不愿向别人开口,对街坊们的好心接济也常常婉言谢绝。这么要强的老太太,她能收下一台新的电扇吗?

转念间,汪勇折了回来,花了五十元钱从旧货市场买了一台二手电扇,送到老人家里。他告诉老人:"电扇要修好得好几天,我家里装了空调,电扇就闲了下来,刚好拿过来给你们用。"老人原本还要推辞,听到汪勇这么一说,也就欣然接受了。没过几天,汪勇又把修好的电扇送到了老人的家里。

> 凡是能为群众做的事,要把小事当大事、大事当实事、实事都当自己的事来处理对待,也只有这样更加完善地去工作,并且发挥高尚的个人情操,才能赢得社区居民对我们工作的高度认可和赞扬。
>
> ——摘自汪勇的心得体会《浅谈如何做好社区民警工作》

人是要有点儿精神的
没有比信念更坚定的力量
没有比群众更强大的支持

上学

○ 彭皓

时代楷模——汪勇

咸东社区的很多群众都接受过汪勇的帮助，安徽籍小伙儿王伟就是其中一个。

2010年下半年的一天，汪勇在安装四处家属院走访时，发现一个陌生的小伙子在院内转来转去。他上前叫住了小伙子，通过询问后得知，小伙子叫王伟，是从安徽来西安的务工人员，在田家湾附近做防水工程，想在小区里租房，一是为了工作方便，二是为把老家的妻子和孩子接过来，让孩子可以在附近的学校插班上学。汪勇了解情况后，叮嘱他："这是个老院子，安防措施不到位，院内很多盗窃案都是发生在租住户中。如果你在这里租住，一定要多加防范。我是社区民警汪勇，这是我的警民联系卡，有什么事儿就和我联系。"

走访工作结束后，汪勇特意绕到小区物业办，委托他们留意一下有没有合适的出租屋，并将王伟的情况告诉了工作人员，请他们帮忙联系。没过几天，王伟的电话就打过来了："汪警官，我是王伟。房子已经通过物业租下了，真谢谢你啊。"

汪勇和王伟之间发生的故事，可不仅仅是租房子。汪勇还帮助王伟解决了一个大难题。之前，王伟给汪勇说过，他租住在这里的一个重要原因，就是打算接孩子来西安上学。可当王伟跑到咸宁小学给孩子报名时，老师却告诉他，报名已经结束了，各个班级的学生已经固定了，婉言拒绝了他。王伟不甘心，第二天又跑去找校长，可答复还是一样的。等第三天他再往学校跑的时候，学校门卫一听说是办插班的事，连校门都没让他进。

这下王伟可犯难了，刚来这个地方，人生地不熟的，谁也不认识，这事可怎么办啊?！王伟急得在家直挠头，突然想起了汪勇的警民联系卡，抱着试试看的态度，他硬着头皮给汪勇拨通了电话："汪警官，您好，我是王伟。有件事情能不能麻烦您帮帮忙……"

第二天一大早，汪勇就给校长打了电话："杜校长，我是汪勇，我有个亲戚的小孩儿想在咱们学校插班上学，您看能不能帮帮忙？"杜校长直截了当地说："汪警官，这事可真是没办法，学校报名的日期已经截止了，今年学生人数超出很多，我恐怕是爱莫能助了。"挂断电话后，汪勇仍不甘心，又专门跑到学校当面协调这件事情。杜校长解释道："不是我不给你这个面子，教育局规定学

人是要有点儿精神的
没有比信念更坚定的力量
没有比群众更强大的支持

校每个班级的学生不得超过五十人,现在各个班都几乎满员了,学校又是以前的子弟学校,硬件设施一直得不到改善,连多余的桌椅板凳都没有啊!"

不得已,汪勇回到了社区。一趟不成,再来一趟,前前后后往学校跑了五六趟。

终于,杜校长忍不住问他:"汪警官,这人到底是你什么亲戚啊,让你这么上心地跑这事儿?"汪勇不好意思地说道:"他其实不是我亲戚,他是才搬到我辖区的务工人员,我给他帮忙找的房子。他现在既然住在我辖区,我就不能把他当成一个租住户来看待,他就是我辖区内的一分子。看到他有难处,我就想帮一把。"杜校长了解到事情的缘由后,被汪勇的热心和执着所打动,当下就对汪勇说:"汪警官,就冲着你这股实诚劲儿,这件事,我来想办法。"在汪勇一次次地奔走中,在杜校长的多方协调下,王伟的孩子终于如愿进了咸宁小学。

事后,王伟感慨地说:"汪警官这样帮助我这个与他素不相识的农民工,让我改变了对警察,甚至对这座城市的看法,感受到了什么是真正的人民警察!"

社区民警的活儿，是一本良心账。说大一点儿，社区民警的工作是巩固党的执政地位、维护党和政府执政形象的重要保障，更是政府密切联系群众的纽带和桥梁。

——摘自汪勇的心得体会《浅谈如何做好社区民警工作》

人是要有点儿精神的
没有比信念更坚定的力量
没有比群众更强大的支持

一次不成功的采访经历

○马涛

时代楷模——汪勇

　　2014年夏天，市委宣传部要组建报告团，巡回宣讲汪勇的先进事迹。为了达到好的效果，原先的宣讲稿还要不断完善，补充新的事例。作为宣讲稿的撰写人之一，我第一次正式采访汪勇。可没想到，这是一次不成功的采访，也是让我终生难忘的一次采访。

　　六月的最后一个周末，我和汪勇约好了采访时间。我原本计划在白天采访他，汪勇却告诉我他手头还有好多工作，问我能不能放在晚上。汪勇是个大忙人，总有干不完的工作，以前当社区民警是这样，当了副所长后更是忙得脚底生烟。为了不影响他工作，我和他约好晚上七点在派出所见面。

　　刚一到所里，汪勇就问我吃晚饭了没，我说没有，汪勇说他也没吃，之后便拉着我找餐馆。汪勇问我想吃啥，我说就吃碗面吧。其实，我中午吃的就是面条，之所以晚上还要吃面，一来为了节省时间，可以早点儿开工；二来吃面便宜，两碗面最多也就二十元钱。汪勇一个人的工资要养活一家人，我实在不想因为他请我吃一顿饭而多花钱。但最终我没能说服他。

汪勇带我走进一家餐馆，坐定后便拿起菜单点菜。我告诉汪勇我饭量小，点多了浪费。汪勇满口答应，却还是点了三个菜、两碗米饭。我急忙叫住服务员去掉一个菜，汪勇却把我拦住说："马科长，我一天都没吃饭，点得不多，能吃完。"少顷，服务员陆续端上来一碗红烧肉、一盘炒西芹和一盘家常豆腐。看见我有些不好意思，汪勇说："今天跟你沾个光，平常我都是面条、凉皮的，随便对付一下，今天算是打个牙祭。"我原本想和他边吃边聊，可汪勇端起碗，筷子就不停地在碗里拨拉，还时不时地给我夹菜，看得出他真是饿了。这顿饭吃得很快，我起身去买单，汪勇一把把我拽到座位上，抢着付了钱。

回到派出所，我便开始了对他的采访，计划采写三个故事。还没说几句，汪勇的手机就开始"闹肚子"，什么校长、阿姨、主任的，电话接了一个又一个。汪勇愧疚地告诉我，明天辖区的小学新生报名，事情很多，一些工作得提前安排妥当，要不容易出乱子。我说没关系，能理解，之后便任由他接打电话，其间他还几次跑到楼下值班室协调事情，花了不少时间。

采访断断续续地进行，直到夜里快十一点时，我才

> 人是要有点儿精神的
> 没有比信念更坚定的力量
> 没有比群众更强大的支持

完整地听他讲完两个故事。

第一个故事和蜂窝煤有关。咸东社区居住的大多是困难群众，冬天要用贮存的蜂窝煤生炉子取暖，因此一些楼梯的拐角处就成了砌煤堆的"黄金地带"。2012年冬天，安装四处家属院一号楼的李家和陈家就因为拐角的煤堆起了矛盾。李家嫌陈家多占了地儿，陈家说李家踢坏了他家的蜂窝煤。在一段时间里，两家人为这事儿闹得剑拔弩张，街坊邻居劝也劝不住，"官司"打到了汪勇那儿。汪勇来到单元楼，把两家人叫到一块儿，说本身咱这儿就是老旧社区，消防安全隐患多，哪能在楼道里摆蜂窝煤，必须挪走，谁都不许在这儿摆。之后，两家各自撤了煤堆，事情虽然平息了，但矛盾却还在延续。

没过多久，陈家在单元门洞儿旁重新砌了煤堆，还找来废纸壳围了一圈，用铁丝箍紧。一天，陈家发现铁丝断了，便认定是李家所为，李家自然不服气，"官司"再一次打到汪勇那儿。这次汪勇把社区干部和街坊邻居都叫了过来，当着众人的面用钳子将断头的铁丝拧在一起，告诉两家人这事儿就这么结了。之后，两家人再没有因为蜂窝煤的事情发生争执，关系也缓和了很多。

故事讲完，我好奇地问他是怎么想出这个法子的。汪勇说："两家人为点小事儿把事情闹大，那我就大事化小、小事化了，拧个铁丝又不怎么费劲。人都好面子，这两家也是因为面子上下不来，才闹得不可开交。我把社区干部、街坊邻居都叫来,就是不给他们留面子,让大家看看才多大点事儿啊,看他们以后还闹不闹。这就叫依靠群众做工作。"

我心想,这汪勇还真有一套,这铁丝一拧,把矛盾拧没了,把两家的关系又拧在一起了。我不由得在心里给他点了个"赞"。

第二个故事就是他为杨玉凤老人送电扇的故事。这个故事,让我觉得汪勇和其他社区民警不一样。帮扶群众,其他人也在做,可又有多少人像汪勇一样花了钱、出了力,还照顾群众的情绪和感受呢?!习总书记讲的"中国梦",就是要让人们生活得更加幸福、更有尊严。通过这件事,我对这句话又有了新的感悟。

听完这两个故事,我思绪万千、精神振奋,可汪勇却哈欠连天,眼皮子打架。看他这般困倦,我对汪勇说:"汪所,你先在沙发上眯一会儿吧,等我把这两个故事整理完,咱们再继续。"汪勇有些不好意思,但终归敌不过疲劳,很快就斜在木头沙发上睡着了,不时还发出微微的鼾声。临近凌晨两点,我整理完两个故事,想让他再讲第三个故事时,我放弃了这个念头。我给他留下一张字条儿,告诉他我走了。我又找来一件T恤搭在他身上,然后轻轻带上房门离开了。

坐进车里,我在想,今天的采访并不算成功,但我收获满满、颇受启发。三个故事只采到两个,就把这次

人是要有点儿精神的
没有比信念更坚定的力量
没有比群众更强大的支持

不成功的采访当作第三个故事吧。

时代楷模——汪勇

　　平安是现在经济发展和实现中国梦的基础，我要努力做到让老百姓安居乐业、和和睦睦、邻里和谐。所有的人都应种好自己的责任田，为官一任，守土尽责，一方和一方的平安和谐连起来就是陕西梦，积小梦为大梦，也就是习总书记提出的中国梦。我爱我的工作，我爱我的老百姓！

　　　　——摘自汪勇的日记《我的中国梦》
　　　　　　　（2013年10月12日）

只有做到群众心上，才叫群众路线

○朱荣　彭皓　褚明

> 人是要有点儿精神的
> 没有比信念更坚定的力量
> 没有比群众更强大的支持

咸东社区的许多家属院，楼龄都在四十年以上，住的大多是孤寡老人、空巢老人，有的腿脚不好使，有的身体有病、行动不方便，上下楼都困难。

安装四处北院以前有一个叫周炎姑的老人，快九十岁了，无儿无女。丈夫曾被打成右派判刑二十年，她靠帮人洗衣服做饭带孩子生存下来。后来她丈夫被平反，刚分到了楼房，过了几天好日子，丈夫却得肝癌去世了。周炎姑上了年纪，身体又不好，在西安无亲无故的，就回到江西老家去投靠她的侄子，户口还在西安。前些年，老人低保复审需要二代身份证，才发现自己的身份证还是一代的。这事儿反映给汪勇，他主动联系办理，两个月后，周老太太便继续用上了低保。

这件事说起来容易，可办起来却不那么简单。周老太太是人户分离的状态，人又远在江西，年纪这么大，

时代楷模——汪勇

已经来不了西安。因此，要换身份证就很麻烦。别的不说，单是为了周老太太的一张标准像，就要费尽周折。老人的侄子是江西吉安人，他一口江西话汪勇听不懂，汪勇的湖南普通话她侄子也听不懂。汪勇就让她侄子找一个懂普通话的当地年轻人当翻译，汪勇说一句，年轻人翻译一句，直到她侄子完全明白，后来他按照汪勇的要求带着老太太去照相。照完相发过来一看，照片不符合要求，汪勇就再联系他们重照。从申请代办、上传信息、领取证件，直到完全办好，再自费给江西寄去，汪勇花费了大量精力才办妥了这件事。

安装四处北院二号楼有一位老阿姨叫张宝琴，六十多岁了，她丈夫王志茂，原名叫王子茂。王志茂几年前在银行存了一笔钱，户名用的是旧名字。2011年4月，他们家急需用钱，想把钱取出来，可是到了银行却遇到了困难。因为户口本上忘了加上更名信息，银行说账户的名字和身份证上的不一样，不能证明是同一个人，因此钱不能取。他们老两口前后往银行跑了三四趟，也没能把问题解决，心里很着急。

实在没办法了，张宝琴就到派出所去找汪勇。汪勇说："阿姨，您别着急，坐下来慢慢说。"说着他就给张宝琴倒了一杯热水。张宝琴事后说，汪警官的这杯热水可真暖人心哪！

汪勇仔细询问了一些张宝琴夫妇的情况，要了他们的户籍身份资料后，就抓紧时间办理。没过两天，汪勇冒着大雨把办好的户口本和证明材料送到了张宝琴家里。知道张宝琴有心脏病，身体不好，汪勇连敲门都是轻轻的，生怕吵到她。张宝琴后来说："我一听敲门声就知道是汪勇，谢天谢地，汪警官来了，事儿办成了！"

2014年8月21日中午，骄阳炙烤着大地，咸宁东路27号院的居民们正在睡午觉，该院1号楼一楼的川菜馆却忽然着起了大火。原来，餐馆的"炉头"离开热油锅去买凉皮，以致引发了大火。

餐馆的二楼以上，住的都是上了年纪的老人，有的还常年卧床不起，一旦火烧起来，后果不堪设想！

情急之下，群众拨通了汪勇的电话。很快，汪勇就赶到了现场。他没有丝毫犹豫，一把接过隔壁理发店店主递过来的灭火器就往里冲，几处明火很快就被扑灭了。汪勇环顾四周，发现厨房里煤气灶旁边有一个煤气罐，伸手摸了一下烫得不行，随时可能发生爆炸，他想都没想就提起这个"定时炸弹"往外跑。当汪勇从火场里冲出来时，身上的警服被烧出好几个洞，头发、眉毛也被烧焦了，整张脸全都被熏成了黑色，双手被滚烫的煤气罐烫出了一大片水泡。

一次又一次，每当群众最需要的时候，汪勇总会出现在最该出现的地方。这样的悉心周到、无微不至，这样的尽职尽责、奋不顾身，就是在朝老百姓的心上做。

人是要有点儿精神的
没有比信念更坚定的力量
没有比群众更强大的支持

时代楷模——汪勇

在咸东社区,群众只要见到汪勇就像见到亲人一样,拉着他的手说长道短,总不愿离开。2010年2月10日,咸东社区在举办迎新春警民联谊会时,群众专门为汪勇写了一幅大大的"家"字,感谢他为社区平安作出的努力。群众的深情厚爱也感染着汪勇,为此,他将歌曲《父老乡亲》的歌词作了改编,深情地唱给了群众:"我工作在咸东社区,到处是我的父老乡亲,你们是我的衣食父母,平时对我工作很支持。一声声,叫我警官的名字,时时刻刻督促我抓紧工作,几多要求,几多期盼,几多情深……"

汪勇常说,光说到群众心上还不行,只有做到群众心上,才叫群众路线!

人是要有点儿精神的
没有比信念更坚定的力量
没有比群众更强大的支持

作为一名社区民警，一要接"地气"，把自己融入群众之中，做到眼里有群众，心里装着群众，将心比心，以心换心，用真心换真情，时刻保持和群众一脉相通，才能消除不必要的"隔膜"和"障碍"。二要摸实情，扎扎实实地进行走访调查，决不能走马观花，浅尝辄止，要真正沉下心，沉到底，了解掌握社情民意，掌握最真实的第一手资料，只有这样，才能避免工作的盲目性，增强工作的针对性和准确性。三要解难题，办实事。在日常警务活动中，要十分注意了解群众的生活，关心群众疾苦，注意倾听群众的呼声，掌握群众的期盼和要求，下功夫解决群众现实生活中遇到的各种困难和问题，"实干见真情"，只有这样，才能真正博得群众的支持、爱戴和拥护，始终与群众保持心心相连的鱼水之情。

——摘自汪勇的日记《对党说说心里话》
（2014年7月1日）

一张破损的宣传海报

○穆蕾蕾

时代楷模——汪勇

2014年11月5日,韩森寨派出所因辖区拆迁改造,要从幸福中路搬到公园南路去。搬家公司来回搬走很多物品,派出所除了打扫卫生看大门的,几乎人去楼空。民警安慧坐车回去,看了看自己工作过九年的地方。老派出所每间办公室的门都敞开着,九年时光中张张闪动过的面孔、发生在这栋楼中的每件事,都仿佛在时空某处搁着,只要自己一深深注视,就会从其中跃出再次演绎。

就在安慧下楼时,她发现过道处有几张从墙上脱落的宣传海报。掉落又被踩踏的那几张海报已经破损,但还有一张破损不严重,可以清晰地看见汪勇的面孔。海报上,汪勇和社区居委会老主任徐宝站在一起,八十岁的徐宝老阿姨满头银发,社区民警汪勇则微笑着给她讲社区的安全防范问题。盯着海报看久了,许多发生在汪勇身上的那一个个感人的警民故事，以及他对自己的那些帮助，都一幕幕地在眼前浮现。

> 人是要有点儿精神的
> 没有比信念更坚定的力量
> 没有比群众更强大的支持

汪勇刚来派出所时，被分到和安慧一个办公室工作。面对千头万绪的社区工作，汪勇非常谦虚，积极向比他早转业的安慧请教。汪勇那浓浓的湖南普通话和憨厚诚恳的样子，让安慧马上就想起自己工作时父亲的嘱托："少说话，勤跑腿！"想想汪勇，不就是从这句话做起的吗？每天派出所上下午点名后，汪勇就朝社区跑。晚上下班后，周末没事儿时，他都在社区转悠，以至于大家都说："汪勇不在社区，就在去社区的路上。"

经过汪勇这些年扎实地服务社区群众，他的工作得到咸东社区群众和领导同事的认可，汪勇渐渐变成了一张百姓最为认可的名片。连安慧的亲戚见了都问："汪勇和你是一个所的？"这时安慧总会自豪地回答："他不仅和我一个所，而且还是一个办公室呢！"

是的，她为有这样的战友而自豪。他走烂了八双鞋，把一桩桩看似不可能的事办成了。咸东社区有个姓牛的老太太，儿子被关，儿媳带孙子过来投靠，为让孙子落户上学，老太太来找汪勇。但老太太自己户口底子很乱，原始档案无法提取。起初汪勇告诉她："阿姨，你这些材料不符合政策，你再好好准备一下，准备好了我会给你尽快办理。"谁知老太太不去准备材料，态度却很不好："我就这么些东西，你不给我办我就去上访，就天天坐在

时代楷模——汪勇

你办公室。"说实话,老太太所准备的户籍材料,离国家政策要求的落户规定相差甚远。虽然她的情况可怜,但谁也不能违反政策啊。

或许老太太就认准汪勇是一个真心为群众办事的警察,从那以后,她真成了派出所的"上班族",天天坐在汪勇的办公室,汪勇走到哪儿她就跟到哪儿。尽管同事都觉得这样不是回事儿,但汪勇却说:"没事儿,我看不到她心里也难受呢。"有一天老太太没来,安慧说:"今天终于清静了,是不是阿姨想通了,知道办不成不来了?"汪勇没有吭声,神情却颇为凝重,安慧继续给他"上课","对于这种人能躲就躲,不理她她就没辙了。"汪勇憨憨一笑:"我不理谁理?我不干也总得有人干。"

老太太真没来,汪勇心里又记挂了。他专门跑到咸东社区老太太家,向老人表示,自己会想办法帮她办这事儿。从此,汪勇就带着这位老太太从辖区开始走起,收集全部资料,带她到户籍室查档案,去她原来的单位开证明,去分局户政大队说明情况,去市局治安局户政处咨询有关问题……这样来来回回不知跑了多少趟,随着老太太户籍材料的逐步完善,最后终于帮老人把事情办成了。感受到温暖的老太太感动地对汪勇说:"你真是个少见的好民警,是老百姓的福音啊,以后我再也不打扰你了,来了也就是看看你。"

这话从到派出所来总显得不通情达理的老太太嘴里

· 176 ·

说出来，竟让安慧激动得流下了眼泪，也对汪勇多了几分佩服：也只有汪勇，才能将这样棘手的事处理得如此完美。而从那以后，老太太在辖区逢人就夸："咱的社区民警汪勇好啊，是个大好人。"汪勇走访社区时，她只要一见到，就非要拉汪勇去家里吃一顿手擀面。

最令安慧感动的是汪勇待人的实诚。2009年春节期间，安慧两个出嫁兰州的表妹回西安探亲，正月初六要赶回去上班。由于正值春运期间，火车票特别不好买，她们只买到了凌晨三点多过路车的票。

但深夜谁去送表妹呢？安慧想要去送，但孩子太小，爱人又在部队，怎么办？无奈之下她给汪勇打了电话。汪勇听了只说了一句："你别管了，到时我去送。"

安慧被他的话给镇住了，这种为亲人才能做出的事，自己都没能做到，汪勇和自己只是同事，他至于吗？她不相信地问："这合适吗，汪勇？"汪勇则说："我那天刚好五点多要送朋友，早起来一会儿就是了，你把她们的手机号告诉我。"

那天深夜，汪勇借朋友的车去华清小区接了安慧的表妹，又买了站台票，直接把她们送上了车。

往事像电影胶片似的从脑海里不断划过，眼前的这些海报当时是所里发来让贴到社区宣传的。她小心翼翼地将那张破损不严重的宣传海报捡起来，拿回去用胶带纸粘好，贴在了自己新办公室的墙壁上。

人是要有点儿精神的
没有比信念更坚定的力量
没有比群众更强大的支持

在海报下端,安慧用笔工整地写下一串小字:向汪勇同志学习!

时代楷模——汪勇

> 心中有爱,看世界的眼睛才会纯净;心态变了,世界也就很善变。
>
> 生活的好与坏,人生的平与不平,环境的好与劣,一切都取决于自己的心态。
>
> 以良好的心态面对生活,你的生活一定会美好。
>
> ——摘自汪勇的日记《心中要有爱》
> (2014年12月20日)

一次隔门的探望

○穆蕾蕾

> 人是要有点儿精神的
> 没有比信念更坚定的力量
> 没有比群众更强大的支持

汪勇被任命为警长后,最初只带一名女民警。所里当时有老郭和老张两名老同志,因为年纪大、身体不好,脾气也暴躁,在分组时各组都不愿意要。汪勇却跑过来对所长说:"分给我吧,这样推老同志也没面子。"所长半信半疑:"你能镇得住他俩?"这情形就像老张后来的自嘲:"这个组就是两匹狼带着一只羊。"

那只羊就是汪勇。汪勇脾气之好,经常让某些办事群众嗓门变高。派出所的工作辛苦,基层民警也有抱怨,而汪勇就是那只最沉默的绵羊。虽身为警长,但汪勇总把老郭"师傅、师傅"地叫。具有西北狼性格的老郭当然不会让自己徒弟受欺负。一旦汪勇受到个别群众的刁难,老郭就故意严厉起来,汪勇便赶紧唱红脸,对办事群众说:"看看看,把我师傅都惹怒了吧,有啥事儿咱们好好说。"对方气焰马上就低下去,能够和气说话。如此

天衣无缝的配合，让师徒二人在处理一些纠纷时，经常达到事半功倍的效果。

汪勇和老郭工作配合得十分默契，私下也是相互关心帮助。老郭爱喝二锅头，汪勇邀请他吃饭时通常都会买上一小瓶，让他过过酒瘾。老郭对汪勇也是照顾有加，他不仅给汪勇买过面条，还把自己家里淘汰下来的一台油烟机送给了汪勇。

后来老郭因脑溢血导致半身不遂。他当时已经从韩森寨派出所调离，关于他的消息大家知道得也就很少，但汪勇却时常给师傅打电话。得知老郭得病后，汪勇去他家里一共看望了四次。

2014年11月一天下午两点多，汪勇提着水果鲜花又到老郭家去。一走到楼下他就想起前几次来看老郭的情景。第一次来，昔日一百八十斤重的老郭已经病得骨瘦如柴，体重只有九十斤。第二次老郭的爱人做了饭，汪勇和老郭吃了一次饭，老郭头偏着一直流口水，颤抖的手都不能把饭喂到嘴里。第三次老郭还对汪勇说："徒弟，我在电视上看到你的先进事迹了。"每次汪勇去，老郭都想和汪勇多说一会儿话。汪勇觉得没办法帮师傅，唯一能给予的温暖大概就是一次次的陪伴。

那天下午老郭家门锁着。汪勇敲半天门都没人开，只有那只陪伴老郭的小狗在里面汪汪乱叫。他打开师傅门上那种老式猫眼，从那个小橘子般大小的洞中往里观望。师傅就躺在客厅那张大床上,汪勇喊:"师傅,我是汪勇,给我开门!"老郭在床上回应:"汪勇,给你嫂子打电话。"汪勇说:"我打了,但嫂子电话打不通。"老郭还是用那牙齿和舌头互相使绊子的含混声音重复:"给你嫂子打电话……"

汪勇下楼去找门房,说没老郭爱人的电话。后来找到物业,才在登记住户信息的册子上找到电话。电话里老郭爱人说走得远回不来。汪勇就又上去在猫眼里对老郭说:"嫂子回不来,师傅我就走了,下次再来看你。"老郭躺在床上哭:"汪勇,别走,咱们俩说说话,汪勇你别走……"

昔日那么要强的师傅现在像孩子一样哭泣,跟自己求助的仅仅是陪他说话。汪勇心里无比难过地说:"师傅,你就别动了,我下次再来看你。这是留给你的一千块钱,让嫂子给你买点儿你想吃的。"在床上老郭能看到人民币从猫眼塞进来逐一飘落,他因汪勇的关心哭泣得更加剧烈:"汪勇,我不要钱……汪勇,别走,就陪我说说话……"

钱塞完了,汪勇打算走,脚却抬不动,眼泪不由自主地流了下来。

汪勇回到猫眼前又陪着师傅说起话来。

老郭不仅手脚不听使唤,连说话也像舌头跨不过牙齿。他把一生的感受一字一字挤给汪勇听,就像用没底的桶在往上打水,耳朵每次只能打捞到几滴。汪勇在十

人是要有点儿精神的
没有比信念更坚定的力量
没有比群众更强大的支持

一月阴冷的楼道里站了一个多小时。门上那只猫眼比汪勇个子要高,听一会儿脚尖就踮得酸疼。于是汪勇就站直一下,然后趴到那里继续听师傅说话。偶尔背过身站直,汪勇总能透过楼道狭小的窗户看到对面房顶挂住的那只风筝。汪勇一直希望风能将它吹下来,但一个多小时后下楼时,它也没有掉下去。它始终都没有获得一只风筝应有的自由与幸福,就像汪勇送给师傅的那些无法实现的祝福。

时代楷模——汪勇

> 要记得那些大雨中为我们撑伞的人,他们帮我们挡住外来之物;黑暗中默默陪伴我们的人,他们逗我们笑,陪我们彻夜聊天;坐车看望我们,陪我们哭过的人;在医院陪我们,总是以我们为重的人……
>
> 是这些人组成我们生命中一点一滴的温暖,是这些人的温暖让我们远离阴霾,使我成为善良的人。
>
> 温暖,成就生活之美。
>
> ——摘自汪勇的日记《生活之美》
> (2014年10月5日)

懂你

○朱荣

> 人是要有点儿精神的
> 没有比信念更坚定的力量
> 没有比群众更强大的支持

汪勇最愧疚的，就是对家人没有给予足够的关心和照顾。而让他感到幸福的，是家人始终对自己不求回报的理解和支持。他说，没有家庭的支持，没有父母妻儿的理解，没有他们做他的坚强后盾，就不可能有今天的汪勇！

汪勇的父亲年轻时就患有肾病，那时候条件差，没有好好地看病，以至于耽误了病情。2009年9月，汪勇把父亲接到西安一检查，他的右肾已经完全坏死，属于尿毒症前兆，而左肾也有多颗结石，输尿管都被堵塞了。

再不能拖了，汪勇赶紧把父亲送进了医院。当时正值国庆六十周年，安保任务很重，父亲住了几天院，他只去看望过两次。而那时，父亲的治疗费一天就得花五千多元，还没等到做手术，就已经花掉了三万多元。老人知道后怕花钱，坚决要求出院，并要回湖南老家。

医护人员劝他："你儿子是警察，还怕没钱给你治病？"

老人激动地说:"他狗屁都不是,他就是个小民警,让我住院给他拉下那么多债,就是逼他犯罪!"

汪勇得知后,哭着劝都劝不住。因为父亲的坚持,汪勇没能拦住他,父亲最终瞒着他悄悄回了湖南老家。这个事成了汪勇心中永远的痛。

当汪勇的工作受到各级领导和人民群众的广泛认可,组织上不远千里到湖南深山老家看望汪勇的父亲,并给予经济上的帮助时,汪勇的父亲激动得老泪纵横,在电话里一再叮嘱他:"咱是农民,一定不能忘本,你把公家的事儿做好了,就是对我最大的孝顺!"

汪勇能转业到西安,是因为娶了个西安临潼的媳妇儿。1998年10月,汪勇和妻子王银萍喜结连理。十七年过去了,只有汪勇深深懂得妻子为自己所付出的一切。

王银萍怀孕时,汪勇在部队,照顾不上。没有丈夫的陪伴和呵护,她总是孤独地一个人去做产前检查,实在不行了才把自己的母亲叫来。生孩子时,汪勇也不在身边。妻子坐月子时,不像南方要炖个鸡、煲个汤,那时汪勇买回来一点儿营养品,妻子就嫌他乱花钱,说自己最爱吃的就是一碗凉皮。结婚这些年,妻子没有穿过一件像样儿的衣裳,没有用过一件像样儿的化妆品,"带牌子"的东西更是想都没想过,就连唯一的一次休闲活动,也是2010年所里组织的。

汪勇说:"爱美之心人皆有之,我的妻子也不难看,看到别人的妻子打扮得漂漂亮亮的，我就想我妻子穿的都是减价处理的衣服，用的都是打折的化妆品，心里特别难受，觉得自己很对不起她。"

在汪勇眼里，王银萍是天底下心地最善良的妻子。给辖区困难群众黄金顶买电视，汪勇起初担心妻子不愿意，就专门领着她，提着水果去看过黄金顶。王银萍心软，看到黄金顶的光景也很难过，当汪勇再提给他买电视时，妻子连一个不字都没说。

因手头拮据，汪勇和王银萍结婚时没有办酒席，没有拍婚纱照。妻子一直没有工作，前几年才到一家招待所当服务员，现在还在西安轻工市场帮别人卖水杯。他们没有能力买房，一直租住在辖区21街坊一间三十五平方米的房内，中间用塑钢隔开，汪勇两口子住在进门处，里间的架子床，汪勇的母亲睡下铺，十六岁的儿子睡上铺。屋内的大衣柜、架子床、饭桌、写字台等家具都是从旧货市场淘来的，就连冰箱也是转业前部队一位领导送的。尽管如此，王银萍仍对汪勇说："我不和谁比，房子再大，睡觉还不都是巴掌大点儿地方。"有一次，汪勇问王银萍："嫁给我后悔不？"王银萍说："我现在很知足，有懂事的儿子和受人尊敬的丈夫，我想我当年的决定是正确的。如果有来生，我还会让你牵着手对我说：'嫁给我好吗？'"

2014年10月，在市局党委的关心下，汪勇一家终于住进了调剂出的一套六十平方米的住房，结束了"漂"

> 人是要有点儿精神的
> 没有比信念更坚定的力量
> 没有比群众更强大的支持

的历史。

汪勇的儿子今年上高一,从小到大一直没有一件像样儿的玩具。孩子也知道家里的情况,一直很听话、很懂事。2007年年初,汪勇入警培训结束时,才专门带着儿子去了一趟西安秦岭野生动物园。看到同学大多都有款式多样的自行车,儿子也一直想要一辆,但被汪勇拒绝了。懂事的儿子也明白家里不宽裕,需要用钱的地方太多了。至于自行车,汪勇直到2013年孩子初中快毕业时才给他买。后来,儿子听说曲江还有一个海洋馆,想让汪勇带着去,汪勇说:"你现在的主要任务是好好学习,这些地方将来有机会再带你去。"话是这样说,可这个承诺至今仍没有兑现。

亲爱的萍子:

近来好吗?离开你,真的好想你。这些日子在艰苦的岁月中熬过,待在永登的日子,真是度日如年。此时此刻的我,多么想能马上飞到西安与你见面。说实在的,我的心都快碎了,我想远离爱人的你,心情和我一样,今天我才真正感受到夫妻离别后其中的孤单和内心的委屈。那种情,那份痛,只有我们自己最清楚。

萍子,我是深爱你的,你的大方、温柔和体贴,那种感受,我内心最清楚。我们从相识到相爱,是那么自然和美好。既然爱情已经降临到我们的身上,我们就要面对现实，面对生活，相互承担起作为丈夫和妻子的责任。明年，我们就要做爸爸妈妈了，我想小孩儿就是我们的希望。目前不在你的身边，在生活上，你要照顾好你自己。

男人很辛苦，做女人更艰难，我欠你的实在太多了，以后日子好过了，我再回报。男人事业的成功，背后有一位伟大的女性，这个人就是我亲爱的妻子，所以我还需要你更多的支持。

萍子，用我们俩共同的理想和信念，携起手来，战胜旅程中的曲折和艰辛。人生中难免会遇到挫折，我想有我们坚实的感情基础，什么困难、什么艰辛都是可以战胜的。

萍子，有了你，我对自己的事业充满了信心，我就有了生活中的勇气；有了你，我就有了前进的正确方向。困难之时，是你给我添了把力；成功之时，是你提醒我要谦虚谨慎。生活中的你给了我无限的温暖，是你把我引上了一个制高点。老婆，我永远爱你。

我很好，生活中的小困难我会克服，放心。

夜很深，我的心久久不能平静。远方的你，是否依然微笑。

向你致以最崇高的军礼！

——摘自汪勇的日记《与妻书》
（1998年7月1日）

> 人是要有点儿精神的
> 没有比信念更坚定的力量
> 没有比群众更强大的支持

保洁母亲的快乐

○王颖洁

时代楷模——汪勇

2006年,汪勇从甘肃转业至西安。因为妻子是西安临潼区人,一家人就在临潼落了根。当时家里条件不好,汪勇父亲从三十四岁便患上了肾结石,多年来,汪勇总要为湖南老家的父亲寄些肾石通、消石素等药物,这是一项不小的家庭支出。妻子随军辗转,没有工作。母亲身体尚好,能帮着分担家务。可一家人的生活,全靠汪勇一个人的工资支撑,日子过得紧巴巴的。

汪勇是个孝子。1999年,母亲刘传爱就被他接到驻地甘肃武威的部队,和自己一起生活。母亲一辈子受苦多,拉扯着四个儿子长大,不容易,汪勇是想让母亲随自己享享清福。可母亲终归是一个闲不住的人,除了帮忙照看孩子外,总爱出去收集些人家不要的旧物件,或许是一辈子节俭惯了,总觉得能用的就是宝贝。这个别人不能理解,但汪勇理解。

2006年年初，母亲随着汪勇转业来到临潼后，看着儿子天天坐着最早一班的公交车往西安城区跑，为工作奔波，为生活忙碌，非常心疼。为此，老人整宿睡不着，就想着怎么能为这个家减轻点儿负担呢！渐渐地，老人心里萌发了一个念头。

那就是找工作！

她跟汪勇说，她要去干家政服务挣钱。汪勇坚决不同意，母亲年龄大了，不该再去受罪。可是，老人还是背着汪勇通过中介找了几份工作，工资大体都是一个月三四百元。汪勇母亲做事很认真，但一些雇主还是会挑刺儿，老人有了委屈也不敢跟汪勇说，就怕汪勇不再让她工作。后来认识的一位环卫工人家中有事，便找刘传爱顶班。看着老人执意想去，汪勇也没多说什么，便同意了。从此，母亲有了一份固定工作。

环卫工人的工作很辛苦，母亲早上五点就要上班，中午休息，下午还要扫街到六点。这样的工作时长与强度，对于一个老人来说，多少是有点儿吃力的，可母亲很开心、很满足。在她看来，这是一份不错的工作，只要埋头苦干，工资总是会按时发放的。一天晚上，母亲拉着汪勇，几次欲言又止，沉默片刻，最终抬眼问道："妈去当保洁员，你不嫌我给你丢人吧？"问完后，她脸有点儿涨红，眼睛移到了旁处。汪勇没说话，转身打来了洗脚水，双手扶着母亲的脚放入水中，轻柔地搓着。

人是要有点儿精神的
没有比信念更坚定的力量
没有比群众更强大的支持

时代楷模——汪勇

手,反复触到老人脚底的老茧,硌在手里,却疼在心上。汪勇闷着头说道:"妈,你为了我的工作和这个家,已经够辛苦了,我怎么会嫌弃你给我丢脸?只是看你这样起早贪黑,我……"母亲伸手捋了捋儿子的头发,动情地说了很多话,至今让汪勇想起后还为之动容的,便是那句:"妈能为你分担一些,心里高兴。只要还能动,妈就一定不给你拖后腿!"

从那以后,汪勇早上听到母亲起来,他也跟着起来,拿着工具,一同去扫街。他想用自己的实际行动为老人分担一点儿,当然更多的是让母亲感受到儿子发自内心的支持与理解。那时候的冬天还很冷,有时还会下几场大雪。一场大雪过后,清扫起来极其困难,树上的一些枝叶被雪压断,散落在人行道上。街上白天被过往的车辆碾化的雪水,夜间又冻成了冰,很难用扫帚扫到一起,只能用铁锹。凌晨四点,街上几乎没人,汪勇和母亲分开从街两端扫着、铲着。夜很静,彼此能听见对方铲扫的响动声。有时累了,喘着气,直起腰,抬起眼,汪勇可以看到母亲认真而略有蹒跚的背影,眼底总会溢满温热。

一上午扫完街,母亲总坐在马路沿上,手里拿着馒头,边吃边看着街上过往的人群,不时起身捡拾路人扔下的矿泉水瓶等丢弃物。这样来来回回,一顿简单的午饭都吃不安稳。母亲常年穿着她的工作服,汪勇想带她买几件新衣服，她总说："够穿，够穿……"老人倔强得让汪勇束手无策。

2010年，汪勇一家迁到西安后，母亲还在咸宁东路的家家乐超市干了三年保洁。这份工作也不轻松，因为母亲个子小，超市里大的垃圾桶，她都很难搬到垃圾车上，每次都需要找旁人帮助。有一次，她为感谢帮她的人，把超市的一小堆废纸箱给了那人，结果被超市主管看到批评了一通。可是再难，她也坚持着。就这样，从2006年到2013年，七年时间，母亲每月都把她辛苦赚来的几百元血汗钱，交给汪勇补贴家用。而汪勇都悄悄地为母亲把钱攒了起来，如今已攒了一万八千多元。他在守护自己这个"秘密"的同时，也在默默地守护着母亲的快乐。

作为一个地道的农村人，汪勇的母亲勤劳、质朴。她在平凡的劳动中寻找价值，在沉默的付出中倾注母爱。她的快乐很简单，只要能靠自己的劳动为心爱的儿子分担一些，她便心满意足了。这份朴实无华的爱，带给汪勇的除了感动，更多的是担当与责任、力量与信心！

人是要有点儿精神的
没有比信念更坚定的力量
没有比群众更强大的支持

时代楷模——汪勇

人活一世，其实吃苦也没什么不好，
它能让你更好地珍惜生活；
忍耐也没什么不好，
人生需要等待，没有沉默就难有爆发；
平凡也没什么不好，
能够每天感受生活的美好，就是一种莫大的幸运。
相信自己有福气，但不要刻意拥有；
相信世上有好人，但一定要提防坏人；
相信金钱能带来幸福，但不要倾其一生去攫取；
相信真诚，但不要指责所有虚伪；
相信成功，但不要逃避失败；
相信自己，相信党……

——摘自汪勇的日记《相信生活》
（2014年12月7日）

重担压不垮精神的脊梁

○马涛

> 人是要有点儿精神的
> 没有比信念更坚定的力量
> 没有比群众更强大的支持

汪勇个子矮,精神上却比别人高一头。面对家庭的重担,他依旧挺直腰杆儿,堂堂正正地做人。

汪勇说:"物质钱财,生不带来死不带去,有人问我图什么,就是内心的踏实和归属感。我是大山走出的农村娃,从小吃了很多苦,作为老百姓中的一员,我在乎的是我今天为百姓干了什么,我满足于每天在0.52平方公里的社区中行走。"汪勇得到的是精神上的满足,有一个坚定的信念激励他的人生——一个人的价值不在于在什么岗位,不在于在这个岗位上当多大的官,而在于实现自己的价值。

汪勇的家庭生活十分困难,一家人吃穿用度能俭就俭、能省就省。他平时穿的便服,都是四五十元一件淘来的地摊货。有一次,他的一个战友来西安,看到他穿的衣服实在旧了,非要拉他进商店给他买件像样儿的衣

服,还对他说:"你当警察不能穿得这样寒酸,要不然就是给警察丢人哩!"汪勇硬是给挡了,他对战友说:"警察丢不丢人,跟穿衣吃饭没关系。破不了案、给群众办不了事儿,那才叫丢人呢!"

对于家庭的困难、生活的拮据,汪勇从来不愿跟组织上提,更没有开口要过什么。2012年春节前,分局通过西安市慈善会和大明宫慈善基金为分局困难、伤病民警争取到六十万元爱心善款。韩森寨派出所支部硬是将汪勇家庭的实际困难报到了分局,分局党委给汪勇发放了一万元的救助金。汪勇拿着装有爱心善款的信封,激动地掉下眼泪。

对待别人对他的帮助,汪勇一直是心怀愧疚,对组织是这样,对个人也是这样。2013年年底,汪勇被评为"全国人民满意公务员",要到北京人民大会堂领奖。临行前一天,省委组织部把汪勇和其他两名领奖同志安排在人民大厦,第二天集中出发。临行前夜,分局政委杜创建和政工科科长赵娟前来为汪勇送行。和汪勇告别的时候,杜政委掏出一个信封给汪勇,里面装着一千元钱,对汪勇说:"这是我个人给你的,你第一次到北京,买点儿点心、果脯这些特产,回来带给你的父母。"汪勇怎么都不肯收,后来杜政委硬是把钱塞进床上的被子里。"当时,汪勇眼圈红红的,像个受了委屈的孩子。这个表情,我一辈子都忘不了。"杜政委在接受采访时动情地说。

人是要有点儿精神的
没有比信念更坚定的力量
没有比群众更强大的支持

　　不要和别人攀比，那样会让自己或者痛苦，或者飘飘然。

　　无论取得了成绩，还是制订了计划，都要带着快乐的心情去享受或奋斗。

　　自己的事业虽然微不足道，也要满怀热情与兴趣，因为在不断变化的岁月中，只有事业才是自己真正的财富。

　　精神之树要用乐观来浇灌，它在突然而来的不幸面前会给你力量。

　　无论有多艰苦，无论有多失望，你都要坦然处之。

　　岁月流逝，青春不再，但我心坦然。

——摘自汪勇的日记《我心坦然》
（2009年9月9日）

先进不好当

○马涛

时代楷模——汪勇

2012年9月,新城区政法委召开"十户联保、邻里守望、共创平安"现场推进会,其间表彰了全区"十佳社区民警"。韩森寨派出所推荐上报的"十佳社区民警"就是汪勇。

9月17日现场会当天,咸东社区上百名群众来到会场,敲锣打鼓地给汪勇助威。没过几天,《三秦都市报》的记者晁阳就在报纸上发表了有关汪勇先进事迹的文章。这是汪勇第一次走出咸东社区,宣传推广汪勇的工作也由此拉开序幕。

之后,汪勇成了省、市选树推广的先进典型。有人当了先进视荣誉为鞭策,再接再厉,做出了更大的贡献;也有人成了先进后,忘了本色、骄傲自满,甚至犯了错误、大起大落。汪勇当先进前,各方面的表现都不错,可谁又敢说他能始终一贯呢?对此,很多人都有这份顾虑，分局领导也不例外。

有一天，分局政委杜创建把汪勇和韩森寨派出所长程波叫到了办公室。杜政委语重心长地对汪勇说："先进可不好当，当先进之前工作必须干得好，当了先进后要干得更好，比平常人要付出得更多、牺牲得更多，特别是在当下社会，你可能会感到'痛苦'，你要有心理准备。"杜政委又对汪勇提出"五个正确对待"的要求：一要正确对待荣誉和工作的关系；二要正确对待与亲朋好友的关系；三要正确对待与原部队战友的关系；四要正确对待与现在单位同事的关系；五要正确对待和上级部门以及领导的关系。汪勇把"五个正确对待"记在本子上，没有多余的话，只说了一句："政委，你说的我会记在心里。"

人是要有点儿精神的
没有比信念更坚定的力量
没有比群众更强大的支持

当过先进的人更能理解先进难当。分局现任局长鲁鸣就是一个老先进、老典型。他曾被评为全国优秀人民警察、荣立过一等功。虽然他是在汪勇挖掘选树以后才来到新城分局任局长的，但对汪勇的个人成长格外关心。有一次，他在走访完咸东社区后，语重心长地对汪勇说："当先进要具备抗击打的能力。这就像拉架子车上坡，越往上越难。"后来，鲁局长讲了许多自己当年当社区民警、当先进的体会，这让汪勇觉得很受用，有了清晰的方向感。之后，汪勇的先进事迹被越推越广，获得的荣誉也越来越高，可他的本色并没有变，还是像原来一样

勤勤恳恳、踏踏实实地干好自己的本职工作。

时代楷模——汪勇

> 晚上八点，利用鲁局值班时间向局长汇报近期思想和工作。局长语重心长地告诫我："汪勇啊，不能躺在过去的功劳簿上，过去的一页翻过去就过去了，要有创新，要有新成绩！"同时还嘘寒问暖，"家里还有什么困难，房子解决好了没有？"我一定不能辜负鲁局的殷切希望，扎扎实实工作，用局长的一句话"你代表的是中国警察"时刻来修正自己，以高标准来严格要求自己，永远走在为民服务的道路上。
>
> ——摘自汪勇的日记《局长的告诫》
> （2014年10月8日）

> 人是要有点儿精神的
> 没有比信念更坚定的力量
> 没有比群众更强大的支持

从汪勇到汪勇团队

○穆蕾蕾

王晓英刚到韩森寨派出所工作时发现：无论自己早晨来多早，汪勇都已经开始了一天的忙碌；无论自己晚上走多晚，汪勇也永远没结束手中的工作。她忍不住问其他同事："这人是不是有问题？"因为长到四十岁，她从来没见过如此一丝不苟忘我工作的人。

后来有一天晚上，王晓英儿子学校的宿管老师打来电话，说她儿子不见了。王晓英听到消息顿时蒙了，丈夫在外地，无奈中她就哭着把电话打给汪勇。汪勇一听就说："我马上和张胜利过来接你，你不要开车，先在家待着。"

汪勇听到王晓英带着哭泣的求助，担心王晓英心乱出门会出事。汪勇和张胜利接到王晓英后，三人就往王晓英儿子所在的学校西安交通大学附属中学赶。路上汪勇问王晓英："孩子平时有什么坏毛病没？打牌上网不？

和谁交往最多?"王晓英逐一回答。按照王晓英提供的信息又打了几个电话,也都没有消息。三人就在交大附中附近的饭馆找。找了将近两个小时,王晓英的儿子把电话突然打进来,说和几个同学出去吃饭,刚才手机没电了。因为同学中有人吃自助餐剩了不少,被饭店服务员挡住,争执中也耽搁了回宿舍的时间。

这件事后,王晓英对汪勇特别感激,也格外关注汪勇的工作与为人。渐渐地,她发现汪勇不仅关心帮助同事,他对所有群众都是那样谦和、热情、诚恳。汪勇的工作作风,甚至整个人所涌现出的精神力量,也逐渐影响了王晓英的工作乃至人生态度,让她在接待群众时变得更加耐心热情,在遇到的每件事中也变得更踏实尽力。

所里安排民警张景辉协助汪勇一同管理咸东社区。有一次张景辉值班处理工作错过了单位饭点,汪勇知道后转身就给他买了一份炒面。还有一次汪勇带班,得知张景辉妻子上班,而孩子在家里发高烧,他就让值班的张景辉赶紧回家带孩子看病,自己到值班室既带班又值班。

2014年夏日的一天,民警王闫林值班,早晨五点多他接到报警,说陕建五公司有狗叫扰民。王闫林赶过去后,发现陕建五公司有个安装队养了一条狗,打扰了一墙之隔的22街坊的居民。王闫林找到狗,发现没狗证,就让安装队的人把狗带走。安装队答应当天牵走,但过了几天这家住户又报警说狗叫扰民。王闫林再次出警，结果依然如故。后来听说汪勇有一次带班，也接到这家住户的相同报警。陕建五公司正好也曾是汪勇以前管辖的社区，汪勇就过去给社区主任和安装队的人说了一声，从此这家住户就再没因此事报警。

这事对王闫林影响挺大，他意识到群众基础对平时各项工作都会带来巨大影响，为此他决定向汪勇学习。深入汪勇所辖社区后，他竟意外发现，因安装四处是个城乡接合部，其中市场多、治安情况复杂，汪勇就用这两年成为先进后各级组织奖励给自己的钱，每月花一千元聘用了专职人员，在安装四处增设一个治安室来加强治安防范。而他只告诉派出所领导加强了该社区的治安防范，但自己掏钱聘用人员的事情却只字未提。

王闫林不解地问汪勇："你自己家庭都如此困难，为何还一次次慷慨解囊？"汪勇说："因为我有一笔还不完的感情债。这些年群众爱戴、组织关怀、同志们支持，我都记在心里。我能够成为先进也都是大家给的嘛，只有把给予我的再给出去，我才会觉得内心踏实。"

派出所领导在了解到具体情况后，也被汪勇对工作的执着和奉献精神再次感动，根据这一地区的治安情况，申请了专门资金，在咸宁东路一线的安装四处和鸿瑞林市场内正式建立了两个治安岗亭，汪勇聘用人员的钱也由所里从申请的专项资金中支付，还增派了一名群防队

人是要有点儿精神的
没有比信念更坚定的力量
没有比群众更强大的支持

时代楷模——汪勇

员负责日常巡逻和消防安全巡查。市场也向岗亭派驻了保安,共同开展安全防范工作。2015年,所里加派一名调解办工作人员,专门负责调解市场里出现的各种矛盾,达到既平安又和谐的工作效果。

这件事,让王闫林深受启发与感动,他决定向身边这位平凡的英雄好好学习。2014年年底西安开展"创文"检查,督导组深入万寿社区。十一点半时,督导组见到忙作一团的社区民警王闫林,于是就问:"你们社区民警不是向群众承诺九点到十一点在岗吗?怎么现在都十一点半了,你还没下班?"王闫林说有一些居住证没发完。督导组就让他拿出人防技防消防台账看。王闫林的台账完全照着汪勇的模式在做,登记得非常仔细。督导组同志看后赞叹:"这一份台账是在全区看到的最好的台账。"而就在那天,王闫林的妻子因行走不慎摔倒,造成右手腕粉碎性骨折,打着钢板钢针正在红会医院住院。王闫林本想请假,但那时维稳工作非常紧张,全市公安民警都不放假。妻子也对他说:"你不用管了,你和汪勇是一个所的,你们所是个先进集体,别给所里拖后腿!"

2008年新城分局分配了一批企业改制转警人员,当时给韩森寨派出所也分了十个人。刚来时这些新同志对业务不熟,尤其是"双向积分"警务平台的使用,成了这些同志的一项难题。汪勇电脑熟练又为人热心,自然就成了这些同志的求教对象。有时汪勇忙着,他们在门口转转就走了。汪勇看在眼里,一有空闲他就过去教这些老同志。老同志不仅不会用电脑,记性也差,电脑屏幕一闪,他们就仿佛把刚才的操作全从大脑中清空刷屏。汪勇演示一遍,他们不会,再演示他们还是出错。汪勇就把平台点进去后屏幕上会出现的每一步都写在纸上,让他们照着操作。路过此地的安慧看到了,为汪勇的细心所感动。因为社区找汪勇办事的人也多,安慧就和汪勇轮换着,帮助这些老同志学习平台操作。

汪勇成了先进,他的精神在分局和全市公安机关传播开来。为此新城分局专门成立了"汪勇志愿者服务队",深入分局辖区的各个社区,开展志愿服务活动,深入临潼安庙村开展"两联一包"帮扶活动,将汪勇亲民爱民的奉献精神推向深入。西安市公安局还在全局开展了深化学习汪勇创建英模群体的活动,陕西省公安厅也开展了争创"汪勇式集体"和"汪勇式个人"活动,有效提升了全警的工作热情和战斗激情。

现在,从汪勇这个源头出发,在韩森寨派出所、新城分局、西安市公安局乃至全省公安机关已经延伸出无数条汪勇精神的支流,出现了更多汪勇精神的践行者,涌现出了一批"汪勇式的英模群体"。汪勇心系百姓的光芒在一个个战友身上折射蔓延,使得这支队伍呈现出更为旺盛的激情与活力,从而更加踏实地为群众服务!

> 人是要有点儿精神的
> 没有比信念更坚定的力量
> 没有比群众更强大的支持

时代楷模——汪勇

　　遇到某个人，他打破你的思维，改变了你的习惯，成就了你的未来，称之为：贵人。

　　遇到一群人，他们点燃你的激情，激发你的自尊，支持你的全部，称之为：团队。

　　遇到一件事，它唤醒你的责任，赋予你使命，成就你的梦想，称之为：事业。

　　对贵人要感恩，对团队要忠诚，对事业要坚持。

　　我感恩党，感恩组织，感恩领导，感恩群众，感恩父母妻儿……

——摘自汪勇的日记《感恩》
（2014年11月29日）